Negociação *Plug & Play*

Negociação *Plug & Play*

2020

Marcela Castro

ACTUAL

NEGOCIAÇÃO *PLUG & PLAY*

AUTOR: Marcela Castro

DIRETOR ALMEDINA BRASIL: Rodrigo Mentz
EDITOR DE CIÊNCIAS SOCIAIS E HUMANAS: Marco Pace
ASSISTENTES EDITORIAIS: Isabela Leite e Larissa Nogueira

REVISÃO: Horácio Dib
DIAGRAMAÇÃO: Almedina
DESIGN DE CAPA: Roberta Bassanetto

ISBN: 9786587019093
Dezembro, 2020

Dados Internacionais de Catalogação na Publicação (CIP)
(Câmara Brasileira do Livro, SP, Brasil)

Castro, Marcela
Negociação plug & play / Marcela Castro. -- 1. ed.
-- São Paulo : Actual, 2020.

Bibliografia
ISBN 978-65-87019-09-3

1. Administração 2. Comunicação não-verbal no local de trabalho 3. Comunicação verbal 4. Negócios 5. Negociação I. Título.

20-46163 CDD-658.4052

Índices para catálogo sistemático:

1. Negociação : Administração de empresas 658.4052

Aline Graziele Benitez - Bibliotecária - CRB-1/3129

Este livro segue as regras do novo Acordo Ortográfico da Língua Portuguesa (1990).

EDITORA: Almedina Brasil
Rua José Maria Lisboa, 860, Conj.131 e 132, Jardim Paulista | 01423-001 São Paulo | Brasil
editora@almedina.com.br
www.almedina.com.br

Agradecimentos

Quando comecei a escrever um livro, achei que fosse um trabalho solitário. Entretanto, após a obra pronta entendi que as horas solitárias na frente do computador só poderiam render frutos com a ajuda da familia. Meus pais, por terem construído a pessoa que sou hoje e apoiado minhas decisões. Minha irmã, por ser sempre meu "grilo falante". Meu marido por me incentivar e entender os momentos de ausência. E, por último, mas não menos importante, minha filha, Julia e minha afilhada, Eva, por me inspirarem e me motivarem a ser uma inspiração.

Sumário

Agradecimentos 5

Introdução 9

Capítulo 1: Conceitos Básicos de Negociação 13
1. Posicionamento estratégico – Instinto ou Estratégia 15
2. Negociação baseada em princípios 21
3. Cenários de uma negociação 26
   3.1 Negociação subjetiva *vs* negociação objetiva 27
   3.2 Negociação emocional *vs* negociação racional 32
4. Tempo, Informação e Poder 37
   4.1 Tempo 38
   4.2 Informação 40
   4.3 Poder 41
      4.3.1 Fontes de Poder 43

Capítulo 2: Processo Negocial 47
1. Planejamento 50
   1.1 Ferramentas para Planejamento 51
      1.1.1 Atores da Negociação 51
      1.1.2 Quadro de Interesses 56
      1.1.3 MACNA: melhor alternativa em caso de não acordo 58
      1.1.4 Matriz de Concessões 62
      1.1.5 Quadro de Planejamento 67
2. Interação 70
   2.1 Preliminar 70
   2.2 Interesses 72
   2.3 Exposição 74
   2.4 Concessões 78
      2.4.1 Padrões de Concessões 79

2.5 Encerramento 82
3. Controle 84

Capítulo 3: Comunicação Verbal e Não Verbal 87
1. Negociação é comunicação 89
2. Persuasão 92
3. Diferenças de filtros pessoais 97
4. Sistemas representacionais 98
5. Comunicação Verbal 101
6. Comunicação Não Verbal 108
6.1 Os Cinco Cs da Percepção 109
6.2 Espelhamento 112

Capítulo 4: Perfis de Negociadores 115
1. Características de um bom negociador 117
2. Modelos de estilos e comportamentos de negociadores 123
3. Comportamento ético e confiança 128
3.1 Táticas de abordagem 129

Referências 133

Introdução

É natural que algumas pessoas não gostem de negociar e, por outro lado, outras se divirtam negociando. Seja qual for o seu caso, esse livro vai te ajudar a desenvolver suas habilidades de negociação.

Aprendemos a negociar ainda quando crianças, de forma instintiva. Quem já conviveu com um bebê sabe que o bebê vai testando até descobrir uma forma de conseguir alguma coisa do pai, outra para conseguir algo da mãe, e outra totalmente diferente para conseguir algo do vovô ou da vovó. De acordo com as experiências que teve desde a infância, você desenvolveu sua forma única de negociar, podendo se sentir confortável ou não com ela. A notícia boa para aqueles que não gostam de negociar é que podemos sempre desenvolver ferramentas e habilidades que vão nos ajudar a melhorar nossa forma de negociar. Você já deve ter ouvido ou lido, de vários autores, que a maior arma contra o medo é o conhecimento. Para a negociação, isso não é diferente! Quanto mais conhecer as teorias de negociação, o processo negocial e as possíveis ferramentas que poderá utilizar, mas se sentirá confortável para uma negociação. E, com isso, as chances de sucesso aumentarão! A leitura desse e de outros livros sobre comunicação e negociação auxiliarão no desenvolvimento de suas habilidades interpessoais. A prática também será um ótimo aliado. Você poderá, após a leitura, testar seus conhecimentos no seu dia a dia. Negociamos todos os dias, várias vezes por dia. O treino nas pequenas negociações diárias te ajudará a criar a segurança que precisará para uma negociação mais robusta.

Já se você se considera um bom negociador, mesmo nunca tendo estudado o assunto, parabéns, já é um ótimo passo. Você teve bons aprendizados durante a infância e soube aproveitá-los a seu favor. Até aqui, seu aprendizado foi prazeroso e instintivo. Talvez utilize algumas ferramentas que veremos adiante sem nem se dar conta ou saber que elas existiam. A partir do conhecimento das técnicas de negociação, você poderá controlar suas habilidades e aumentar ainda mais suas chances de sucesso. Até aqui, suas habilidades te dominam. A partir daqui, você poderá dominar suas habilidades!

Capítulo 1

Conceitos básicos de negociação

1. Negociar com instinto ou com estratégia?

> "Há vitórias que são importantes apenas para aqueles que as conseguem."
>
> Nelson Mandela

Dois interesses principais estão envolvidos em qualquer negociação: os ganhos, que são os benefícios percebidos após a negociação; e o relacionamento, que representa a manutenção das relações futuras entre as partes. No entanto, nem sempre há um equilíbrio entre esses dois interesses. Esta falta de equilíbrio pode ser proposital ou por consequência pela negociação ter sido conduzida de forma instintiva. Neste caso, gerando efeitos indesejados.

Para falar da influência do instinto em nossas negociações, vamos voltar no tempo e imaginar um homem primitivo saindo à caça. No momento em que ele avista uma fera, há duas possibilidades de reação: Luta ou Fuga! Tudo depende do tamanho da fera e da ferramenta disponível!

Esse homem tem uma reação de stress e adrenalina é disparada em sua corrente sanguínea, o que o prepara para a reação rápida de fuga ou luta. Para muitos, o momento da negociação é um momento de stress. Ou, até mesmo, o motivo da negociação é também um motivo para o stress. Sendo assim, a mesma adrenalina é disparada na nossa corrente sanguínea no momento da negociação, nos preparando para a fuga ou para a luta. Igualzinho aos nossos ancestrais.

É claro que essa descarga de adrenalina influencia na forma como negociamos. Principalmente na forma como interagimos com "a fera", ou seja, a contraparte.

A figura abaixo representa as alternativas de abordagem para negociações e conflitos baseadas no modelo de Thomas e Kilman (1974) e Blake e Mouton (1975).

Figura 1: Estratégias de abordagens negociais

Fonte: Adaptada de Thomas e Kilman (1974) e Blake e Mouton (1975)

Os posicionamentos de Uso de Poder, Fuga, Amaciamento e Barganha são alternativas ao conflito utilizadas por indivíduos que reagem com emprego das emoções durante o momento de impasse das negociações. Ao ser desafiado na obtenção de seus interesses e necessidades, o ser humano tende a reagir emocionalmente, o que causa interferência na resolução mesmo das questões substantivas de um acordo. Essas alternativas ao conflito são chamadas de negociação primal ou instintiva. São consideradas abordagens intuitivas e levam normalmente a acordos distributivos, onde não há criação de valor na negociação.

Um negociador, em qualquer negociação, possui dois principais interesses: a manutenção do relacionamento com a contraparte e seus ganhos com o acordo. Quem assume a postura primal, faz uso do poder ao focar nos ganhos ou foge ou se esquiva ao focar no relacionamento. A seguir, mais detalhes sobre essas posturas.

Uso de Poder ou Combate:

Esse tipo de posicionamento é também chamado de *luta* ou de *combate*. Onde o negociador possui uma posição agressiva, ilude a outra parte e faz apenas pequenas concessões para manter a negociação em andamento.

Tem como base a emoção de raiva. Por isso, as ideias associadas são: competir, dominar, coagir e pressionar (Carvalhal et al., 2014).

O negociador foca no próprio ganho. Por esse motivo, o resultado na negociação tende a não criar valor. Além disso, o resultado costuma ser vantajoso apenas para uma das partes.

Já negociou com alguém com esse perfil? A vontade é de abandonar a negociação ou nunca mais voltar a negociar com essa pessoa, certo? Em longo prazo, o resultado desse posicionamento é o isolamento para o negociador que assume essa postura, pois nenhum outro negociador se sentirá confortável de negociar nessas condições. Esse tipo de negociador só consegue se manter no mercado caso possua algum tipo de monopólio, isto é, seja o único a vender ou comprar o objeto da negociação.

Amaciamento:

Nesse tipo de posicionamento o negociador tende a *ceder* no momento do conflito. O objetivo desse negociador é o acordo, mesmo que não lhe seja satisfatório.

Tem como base a emoção de medo. Por isso, as ideias associadas são: acalmar, adiar, protelar e suavizar (Carvalhal et al., 2014).

O negociador foca no relacionamento. Por esse motivo, o resultado na negociação também tende a não criar valor, gerando assim, um resultado vantajoso para a contraparte.

Na cabeça do negociador com esse perfil, caso ele ceda neste momento, a contraparte vai perceber sua boa vontade e retribuir com algo que lhe seja de valor. O problema é que o negociador com o perfil de amaciamento abre mão de concessões sem informar o que espera em troca. Sendo assim, nunca sai satisfeito da negociação.

É importante que fique atento a esse tipo de negociador. Em longo prazo, o resultado desse posicionamento é a frustração para o negociador que assume essa postura, pois ele nunca tem seus interesses atendidos. Como a frustação é imensa, há possibilidade de uma mudança brusca de posicionamento para a luta, caso esse negociador perca o interesse pela manutenção do relacionamento ou se sinta empoderado.

É possível perceber esse tipo de postura em, por exemplo, alguém de sua equipe que, por medo de perder o emprego, aceita todas as imposições e solicitações sem se posicionar. Em algum momento, quando essa pessoa tiver uma outra oportunidade ou realmente se canse da situação, ela pode pedir afastamento de maneira abrupta e agressiva.

Fuga:

Nesse tipo de posicionamento o negociador tende a não engajar em um conflito, ele se *cala*.

Tem como base a emoção de medo. Medo de negociar! Por isso, nem entra em uma negociação. Deixa as coisas acontecerem sem que tenha o menor controle. O negociador com esse perfil não possui foco no relacionamento nem no ganho. As decisões são apenas acatadas ou, até mesmo, ignoradas.

As ideias associadas a esse perfil são: retração, afastamento e submissão (Carvalhal et al., 2014).

Em longo prazo, o resultado desse posicionamento é a frustração e a sensação de incapacidade para o negociador que assume essa postura. Também há possibilidade de uma mudança brusca de posicionamento para a luta, caso esse negociador encontre alguma fonte de poder.

Barganha:

Nesse tipo de posicionamento o negociador tende a fazer trocas, sem agregar valor à negociação. O negociador foca no ganho, porém, existe um equilíbrio de poder que faz com que ele precise também pensar no relacionamento. O resultado é a troca condicional de favores e concessões. O resultado são negociações denominadas distributivas, que são aquelas de simples troca, que não agregam valor. Ex.: "Se me der isso, eu faço aquilo."

As ideias associadas são: compor, conceder, compartilhar, condicionar, trocar (Carvalhal et al., 2014).

Em longo prazo, os resultados desse posicionamento são relações negociais instáveis e pouco ganho mútuo. O resultado é a troca condicional de favores e concessões.

Integração:

Nesse tipo de posicionamento, o negociador busca o aumento de valor envolvido na negociação. A busca do ganho mútuo requer uso de racionalidade, planejamento e integridade. O negociador foca no ganho, porém, existe um equilíbrio de poder, que faz com que ele precise também pensar no relacionamento. Em longo prazo, o resultado desse posicionamento são relações negociais estáveis e duradouras, com base na confiança entre as partes, satisfação com o acordo e aumento de valor percebido para ambas as partes.

As ideias associadas são: colaborar, solucionar problemas, buscar relações de longo prazo (Carvalhal et al., 2014).

Como afirma Fisher et al, (2005), na negociação cada um dos lados toma uma posição, defende-a e faz concessões para chegar a uma solução de compromisso. Tomar posições atende a alguns fins úteis numa negociação. Pensar nos efeitos da negociação em longo prazo é fundamental para o negociador. Sendo assim, pode-se chegar a esses fins de outras maneiras. Buscando uma negociação integrativa.

É nessa postura, de Integração ou Negociação Baseada em Princípios, que vamos focar ao longo desse livro.

Fisher et al. (2005) afirmam que quanto mais o negociador afirma para o outro o seu ponto de vista e se defende dos ataques, mais difícil se torna a negociação. Por esse motivo, discutir posições é ineficaz. E pode ser ainda mais improdutivo para o acordo quando se trata de muitas partes negociando. No entanto, ser gentil não é a solução. A postura demasiadamente afável pode levar à insatisfação com o acordo. E a posterior frustação pode gerar a quebra do relacionamento, mesmo esse sendo considerado o mais importante no momento da negociação.

Semelhante ao modelo de Thomas e Kilman, os autores Fisher et al. (2005) apresentam o modelo de Barganha Posicional e afirmam que negociadores que barganham com suas posições tendem a obter resultados ineficazes quanto ao equilíbrio entre ganhos e relacionamentos. Eles dividem a postura instintiva em *afável* (semelhante ao Amaciamento) e *áspero* (semelhante ao Uso de Poder), e o *negociador profissional* (semelhante à Integração) conforme Tabela 1.

Tabela 1: Posturas do negociador

Negociador Afável	Negociador Áspero	Negociador Profissional
Os participantes são amigos. A meta é o acordo.	Os participantes são adversários. A meta é a vitória.	Os participantes são solucionadores de problemas. A meta é um resultado sensato.
É afável com as pessoas e com os problemas.	É áspero com as pessoas e com os problemas.	Separa pessoas de problemas.
Muda facilmente de posição.	Se prende na sua posição.	Concentra-se nos interesses e não nas posições.
Revela o piso mínimo. Faz ofertas. Aceita perdas.	Blefa. Faz ameaças. Nunca aceita a perda.	Inventa opções de ganhos mútuos.
Evita as disputas de vontade.	Tenta vencer as disputas de vontade.	Investe em critérios objetivos.

Fonte: Adaptado de Fisher et al. (2005)

2. Negociação baseada em princípios

> "Se você não pode fazer grandes coisas, faça pequenas coisas de uma grande maneira."
>
> Napoleon Hill

Fisher et al (2005) defendem que os negociadores profissionais são aqueles que apresentam o método da negociação baseada em princípios ou negociação dos méritos. Este método é fundamentado em quatro passos: pessoas, interesses, opções e critérios, vistos a seguir.

Pessoas: separe as pessoas do problema.

Antes de qualquer coisa, negociadores são pessoas. Como é difícil lidar com sentimentos, percepções, culturas, crenças e valores diferentes dos nossos!

É preciso focar nos dois principais interesses envolvidos em uma negociação: ganho e relacionamento. O relacionamento contínuo entre negociadores auxilia nas relações e negociações futuras. Focar na resolução do problema e, ao mesmo tempo, manter uma boa relação com a contraparte pode ser um bom caminho para um bom acordo.

Para lidar com problemas psicológicos, use técnicas psicológicas. Por exemplo, em caso de percepções diferentes ou mal-entendidos entre as partes, procure esclarecê-las aprimorando a comunicação. Lembre-se que você também possui frustrações, raiva e outros sentimentos que precisam ser entendidos e tratados. Veremos mais à frente como minimizar essas diferenças.

Interesses: concentre-se nos interesses, não nas posições.

Interesses são seus reais motivos da negociação. Enquanto as posições são as formas de alcançar esses interesses, o "como" chegar lá. Para um interesse, pode haver várias posições.

Para entender as posições por trás dos interesses, pergunte "por quê" e "por que não" (Fisher et al., 2005). É importante que o negociador entenda os motivos das posições da contraparte. E, para isso, deve se colocar no lugar do outro e, assim, entender seus reais motivos ou obstáculos. É comum que os negociadores tenham interesses múltiplos. Identifique esses interesses antes de supor que os interesses de outros negociadores são incompatíveis com os seus.

As posições tendem a ser concretas e explícitas, enquanto os interesses podem ser não expressos e intangíveis. As pessoas, normalmente, têm medo de expor seus reais interesses. Para que isso aconteça, é preciso muita escuta ativa e confiança entre as partes.

Certa vez, ao negociar uma proposta de um projeto de marketing para uma rede de clínicas de odontologia, ouvi do cliente a seguinte frase: "Gostei de sua proposta técnica e o valor está dentro do esperado, mas vou te propor algo ainda melhor!". Na hora não entendi bem o que seria "algo melhor", mas me coloquei aberta para escutar. E a proposta foi a seguinte: ele me pagaria metade do valor do projeto ao longo da execução e, durante o ano subsequente ao projeto, ele me pagaria um percentual do incremento de faturamento, que era esperado após o projeto concluído.

Para mim, a resposta, de cara, seria: "NÃO!". Por vários motivos: (1) como iria acompanhar o faturamento após a entrega do projeto?; (2) variáveis de mercado e de recursos das clínicas estavam fora do meu controle e poderiam interferir no resultado do negócio; (3) não era de meu interesse uma "sociedade" e alguns outros motivos...

Mesmo assim, é importante que o negociador saiba escutar. Por isso, respirei fundo e, com muita paciência, me pus a perguntar e entender melhor a contraparte. Não é fácil descobrir os reais interesses. É preciso estar bem atento às entrelinhas, criar confiança e escutar sem filtros. Depois de muita conversa, descobri que o cliente havia contratado um serviço semelhante anteriormente e não tinha tido resultados. O seu real interesse era a garantia. A forma de pagamento não era relevante para ele, já que não tinha problemas com o fluxo de caixa. Sendo assim, a forma de pagamento era apenas uma posição, isto é, uma forma que ele enxergava para diminuir as incertezas do contrato.

Entendendo isso, foi possível propor formas de minimizar os riscos do projeto na percepção do cliente, como, por exemplo, rescisão do contrato a qualquer momento sem multas, indicadores de resultados parciais e andamento do projeto com periodicidade acordadas previamente etc.

É normal que as pessoas tenham medo de expor seus motivos durante uma negociação. Muitos acreditam que os interesses são estratégicos e não podem ser expostos para a contraparte. Existem sim fatores estratégicos em uma negociação, como seus limites, suas motivações, mas não o que realmente quer.

Imagine que, ao decidir comprar uma casa, você procure um corretor e diga que pretende comprar um apartamento. Ele vai te mostrar dezenas de apartamentos, você não gostará de nenhum e os dois perderão tempo. Por isso, o que quer, a casa e suas características, devem ser expostas. Entretanto, seu limite financeiro ou o fato de ter acabado de receber uma herança, isso sim, pode ser estratégico para a negociação.

Sem saber o que o outro quer, você raramente fará uma oferta que lhe agrade. Por outro lado, o outro também raramente adivinhará o que você quer como resultado de uma negociação.

A Figura 2 representa a diferença entre interesses e posições. A carinha triste é seu estado atual hoje, você tem alguma necessidade que precisa conquistar. A carinha alegre é o seu interesse, onde realmente quer chegar após a negociação. Em azul, sua posição, isto é, como você acredita ser a melhor maneira de alcançar seu interesse. E, em vermelho, percebemos várias maneiras de chegar ao mesmo patamar desejado. Basta ter a mente livre e buscar os ganhos mútuos na negociação!

Figura 2: Interesses *vs* Posições

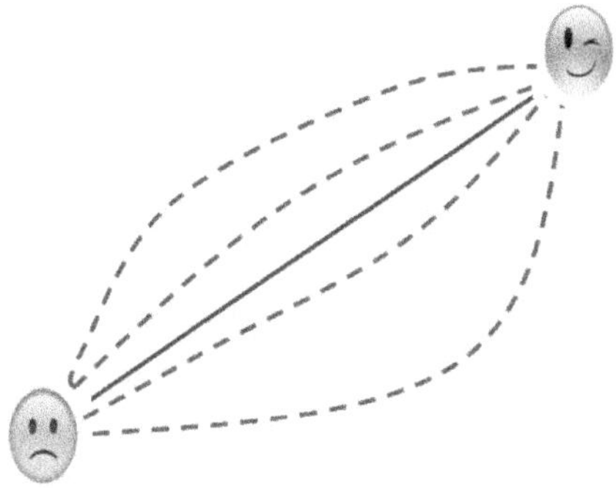

Perceba que no exemplo da Tabela 2 os interesses são mais amplos e flexíveis para uma negociação. Eles são os motivos, os porquês. A posições já restringem um pouco o acordo, pois já determinam o que deve ser feito para o negociador atingir seus interesses. Já os objetivos, respondem a perguntas como: "como?"; "quanto?"; "onde?" e "quem?", e assim são bem mais específicos, limitando o acordo em algumas situações. É possível obter segurança e ampliar o espaço da família com uma reforma, como é possível capacitar a equipe com um treinamento interno. Sendo assim, o negociador que foca em posições pode restringir o acordo.

Tabela 2: Interesse, objeto e objetivo

Interesse "Por quê?"	Objeto "O quê?"	Posição "Como?" "Quanto?" "Onde?" "Quem?"
Garantir mais segurança. **Obter maior espaço.**	Aquisição de um novo imóvel.	Comprar um imóvel em determinado bairro, por um determinado valor.
Capacitar equipe.	Contratar empresa de treinamento especializado.	Pagar até R$150 mil para treinar 30 funcionários.
Partilhar riscos e recompensas de um empreendimento. **Preservar autonomia.**	Formação de *joint venture* com empresas do segmento.	Aportar 30% do capital. Durar no máximo 10 anos.

Fonte: Adaptado de Carvalhal et al. (2014)

Opções: crie variedade de possibilidades antes de decidir o que fazer.

Depois de entender a necessidade da outra parte, esse passo fica bem mais simples! Segundo Fisher et al (2005), há quatro obstáculos fundamentais que inibem a invenção de uma multiplicidade de opções: (1) o julgamento prematuro; (2) a busca por resposta única; (3) a pressuposição de um bolo fixo e (4) pensar que "resolver o problema deles é um problema deles".

É possível criar as soluções de ganhos mútuos em dois momentos: durante o planejamento e durante a interação.

No planejamento, analisamos, a partir de nossas estimativas, as necessidades da outra parte e buscamos ofertas que satisfarão às duas partes. Lembro que são apenas estimativas. Sendo assim, ajudam muito, mas nem sempre são verdadeiras.

O outro momento, durante a interação, pode ser bem mais rico. Uma boa forma de ativar a criatividade durante uma negociação é basear-se no modelo das reuniões de *brainstorming*, separando o momento da criação de alternativas do momento da decisão. Quando o momento da criatividade é isento de julgamentos, boas opções podem surgir.

Importante, neste momento, é doutrinar a contraparte para obter bons resultados. Lembre-se que nem todos conhecem o processo negocial e que poucos estão acostumados a essa técnica. Deixe bem claro a distinção entre o momento de criação e o momento de tomada de decisão. É comum que a outra parte queira decidir logo ou que reaja de forma negativa logo à primeira ideia exposta. Por isso, explique o processo de criar ideias e, depois, tomar decisões quantas vezes forem necessárias. Você pode até começar com uma ideia absurda, assim, a contraparte perceberá como funciona o *brainstorming*.

Lembro que, novamente, a confiança é peça fundamental. Pessoas sem integridade podem usar uma proposta que foi feita no *brainstorming* como se tivesse sido uma proposta final e usar isso como barganha posteriormente.

Critérios: insista que o resultado tenha algum padrão objetivo.

Os critérios objetivos são padrões ou procedimentos utilizados como critérios de decisão baseados, não na vontade das partes, mas em princípios imparciais que permitirão a discussão do problema e de possíveis soluções.

De acordo com Fisher et al (2005), os padrões justos podem ser: valor de mercado, um precedente, uma opinião científica, padrões profissionais, tratamento igualitário, padrões morais, tradição. Enquanto procedimentos justos podem ser a antiga maneira de repartir um bolo entre duas crianças: um divide e o outro escolhe com qual parte vai ficar. Isto é, as partes definem o que acreditam ser um acerto justo e, depois, seus respectivos papeis nesse acordo.

Os padrões de decisões baseados em imparcialidade, eficiência ou mérito científico sinalizam maior probabilidade de apresentarem uma decisão sensata e justa para as partes envolvidas (Fisher et al 2005).

Fisher et al. (2005) sugerem que esses quatro passos para uma negociação baseada em princípios devem servir de fundamentos para todo o processo negocial, passando pela análise, planejamento e discussão. Na análise, deve ser feito um diagnóstico da situação e reflexão sobre esta. Devem ser consideradas percepções individuais, questões pessoais, emoções envolvidas e ruídos na comunicação. As opções para soluções já explicitadas devem ser identificadas. Durante o planejamento é preciso analisar quais são os reais interesses, o nível de importância de cada um deles e quais são as soluções que podem ser levadas à discussão e os critérios para decisão. No momento da discussão, as diferenças de percepções e sentimentos devem ser reconhecidas e abordadas para que cada uma das partes compreenda a outra. Depois, ambos poderão criar as opções de ganhos mútuos.

3. Cenários de uma negociação

> "Uma boa cabeça e um bom coração formam sempre uma combinação formidável."
>
> Nelson Mandela

O melhor cenário para uma negociação é quando temos objetivos claros, reconhecemos os objetivos da contraparte, controlamos nossas reações emocionais e entendemos as reações emocionais da contraparte. Conforme a Figura 3, a probabilidade do sucesso é bem maior. Como então, chegar nesse cenário?

Figura 3: Cenários de negociações

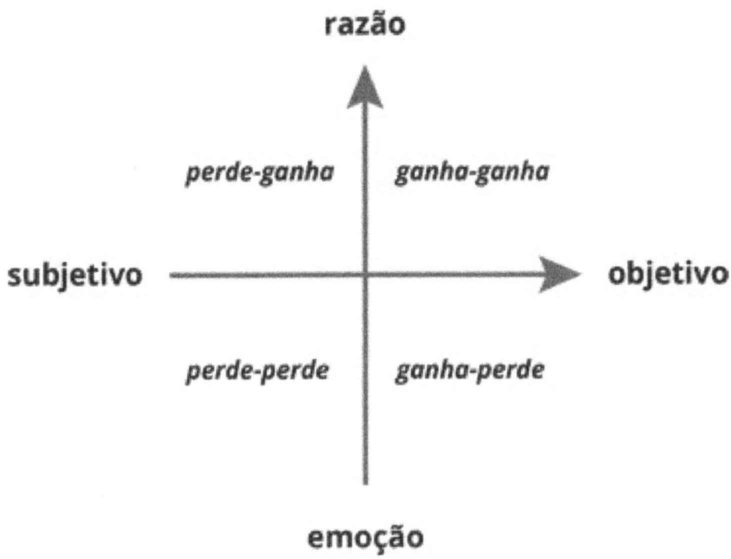

3.1 Negociação subjetiva *vs* negociação objetiva

Uma boa negociação começa com um bom planejamento. E antes de planejar, algumas informações precisam ser reunidas:

Partes – com quem vou negociar?
Objeto – o que vou negociar?
Contexto – qual o ambiente ou mercado da negociação?

Essas informações servirão de subsídio para todo o processo de planejamento que veremos a seguir.

Muitas vezes, a negociação parece mais difícil do que realmente é ou poderia ser. Um dos motivos pode ser a diferença entre interesses e posições, que vimos anteriormente.

Negociamos para alcançar nossos objetivos. Caso deseje que o outro lado atenda seus objetivos, você deve deixar claro quais são eles. A probabilidade de um bom acordo aumenta quando os interesses são comunicados de maneira clara e coesa. Faça uma lista dos vários interesses de cada lado e seja específico ao comunicar os seus à outra parte. É preciso fazer com que o outro entenda seu ponto de vista e seus interesses sem ataques pessoais. Os interesses de ambas as partes necessitam de legítima atenção (Fisher et al., 2005).

Um exemplo que gosto muito de utilizar em sala de aula para ilustrar como devemos buscar o cenário da objetividade é o exemplo de um dos maiores comunicadores brasileiros: Silvio Santos. Lembra do "Show do Milhão"? Quando alguém subia no palco a primeira vez para iniciar o jogo, Silvio Santos perguntava logo: "Qual sua caravana?" e logo depois, duas perguntas estratégicas: "Quanto que ganhar?" e "O que vai fazer com o dinheiro?". Pareciam perguntas de quebra gelo, mas elas tinham uma grande relevância para o processo que se seguiria.

Philip Kotler, grande guru de marketing, criou uma expressão que diz:

Satisfação = Percepção – Expectativa (S = P - E)

Pensando no "Show do Milhão" como uma negociação e que a pessoa que foi jogar disse que gostaria de ganhar R$ 5.000,00 para comprar uma cadeira de rodas para sua avó, o Silvio Santos já tinha uma informação que valeria muito ao longo do processo negocial: a expectativa da contraparte. Qualquer valor abaixo de cinco mil, o jogador sairia triste por não ter alcançado seu objetivo. Já um valor acima, garantiria a satisfação desse jogador. Pelo lado do Silvio Santos, seu objetivo era a audiência. É claro que qualquer jogador que conseguisse chegar perto do milhão geraria grande audiência. Entretanto, ele poderia aproveitar a oportunidade de, mesmo pagando menos que um milhão, poder realizar o desejo do jogador, gerar emoção para o programa (o que também aumenta a audiência) e, quem sabe, na semana seguinte, ainda filmar o jogador emocionado levando a cadeira de rodas de presente para a avó. As duas partes teriam seus interesses atendidos com um esforço para o programa menor que um milhão de reais. E a chave para isso foi conhecer a expectativa da contraparte.

Quando temos as informações sobre os objetivos em uma negociação, estamos aptos para fazer propostas que não serão muito abaixo das expectativas da outra parte e que gerem frustrações, nem que sejam muito superiores às expectativas da outra parte e assim nos gerem um esforço maior que o necessário.

Outro ponto importante é a busca dos interesses em comum. Eles podem ser a chave para um bom acordo. Podemos observar na Figura 4 abaixo que, quando grande parte dos objetivos é comum, a negociação é baseada em análise de problemas, oportunidades e tomadas de decisões. Neste caso, o esforço é muito baixo para um bom acordo. No segundo caso, onde poucos são os interesses comuns, o esforço para o acordo aumenta consideravelmente. Planejamento e controle emocional serão grandes aliados durante a negociação. Já no terceiro caso, os objetivos possuem baixa complementariedade, ou até total antagonismo. O nível de esforço desse tipo de negociação é muito alto. Quase sempre é necessária a participação de um conciliador, mediador ou arbitro.

Figura 4: Interesses comuns *vs* antagônicos em jogo

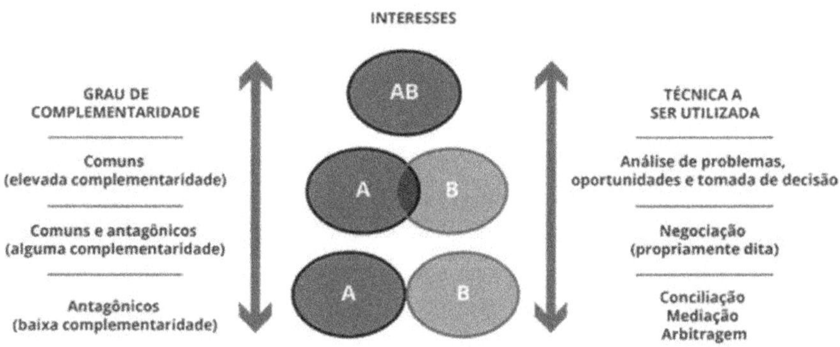

Fonte: Carvalhal et al. (2014)

Os interesses podem ser substantivos ou de relacionamento. As questões substantivas são: prazos, condições, preços, datas, números, obrigações etc. Enquanto questões de relacionamento são: equilíbrio emocional, facilidade de comunicação, grau de confiabilidade, grau de competência etc.

Embora tenhamos uma percepção que todos os aspectos substantivos sejam tangíveis, isto é, que possam ser mensurados de maneiras descritivas ou numéricas, nem todos possuem essa característica. Os aspectos substantivos podem ser tangíveis ou intangíveis. Exemplos de aspectos tangíveis são: preços, prazos, garantias, especificações técnicas e de qualidade. Já os intangíveis podem ser a confidencialidade, exclusividade, correlação entre custo e valor, condicionantes culturais, respeito à normas e tradições (Carvalhal et al., 2014).

Uma boa relação de confiança tende a facilitar um bom resultado na negociação. E bons resultados tornam a relação ainda melhor. No entanto, não se deve conceder com intuito de melhorar a relação (Fisher et al., 2005), isso seria uma postura de amaciamento, que já vimos que não é saudável.

Uma disputa difícil como, por exemplo, uma separação, pode se tornar mais fácil quando a saúde mental dos filhos é vista por ambas as partes como uma das prioridades.

Identificar os interesses de ambas as partes pode facilitar o processo negocial! Um passo antes de chegar às soluções é entender o problema. Suas propostas farão mais sentido se estiverem alinhadas com os reais interesses envolvidos. Transforme o interesse comum em algo concreto e perceptível para a contraparte.

A identificação de seus próprios interesses faz parte natural de sua análise e planejamento. Lembre-se que é preciso comunicar ao outro para que ele tenha condições de oferecer algo que seja interessante para você. Afinal, a contraparte não possui uma bola de cristal!

Escute e reconheça os interesses da contraparte e preocupe-se para que eles façam parte da tomada de decisão. Negociar com assertividade os seus interesses não significa ignorar os interesses da contraparte. Isto porque as pessoas ficam mais abertas ao acordo quando se sentem ouvidas e têm suas opiniões respeitadas.

Evite discussões sobre o que foi dito ou feito. Quando perceber que está discutindo a causa do conflito e não a finalidade, é hora de repensar sua forma de agir. Esse tipo de atitude leva a desentendimentos pessoais e acusações, o que pode atrapalhar a negociação (Fisher et al., 2005).

Importante lembrar que negociadores possuem múltiplos interesses, com graus de prioridades distintos. Essas informações podem validar uma negociação de ganho para ambas as partes. Seja flexível para abrir mão dos interesses de menor grau de importância para conseguir o que realmente agrega valor.

Nem sempre os interesses são evidentes logo no início da negociação. Por isso, procure os interesses que poderão diminuir o esforço para o acordo, são eles os interesses que fortalecem o relacionamento e as oportunidades de ganhos mútuos instantâneos ou no futuro. O relacionamento, muitas vezes, pode ser mais importante que uma questão específica em jogo na negociação (Fisher et al., 2005).

Vale o esforço de identificar os interesses da outra parte. Para isso, saber perguntar é fundamental. As perguntas fechadas, as quais as respostas podem ser dadas com uma palavra ou expressão, limitam a abordagem do negociador e o entendimento das necessidades da outra parte. Segue um exemplo de Moine e Herd (1988) que relata muito bem essa premissa:

Suponhamos que trabalhe em uma loja de eletrônicos e uma cliente entre e vá direto à sessão de *home theaters*. Você poderia perguntar: "Já conhece o produto?", "Tem preferência por alguma marca?" ou, até mesmo, "É para a senhora?". Perceba que, nesses casos, a resposta seria, quase sempre, limitados "sim" ou "não" e você não teria como manter um diálogo ou até mesmo ajudar ou influenciar na escolha. De forma diferente, se utilizar perguntas como: "Em que tipo de televisão vai conectar?" ou "Por que tem preferência por uma certa marca?". Assim, resposta lhe trará muito mais informações sobre a cliente e suas necessidades e o diálogo fluirá com muito mais facilidade. Por isso, busque perguntas abertas, que ampliem seus conhecimentos sobre necessidades e percepções da contraparte.

Segundo O'Connor e Seymour (1995), para ter sucesso na vida é preciso: primeiro, ter uma ideia clara do objetivo desejado. Segundo, estar alerta e receptivo para o que está conseguindo. Terceiro, ter flexibilidade para continuar mudando até conseguir o que quer.

Segundo Cohen (2007), o fato de tantas coisas serem negociáveis não quer dizer que tenhamos que negociar tudo, o tempo todo. Para avaliar como valido negociar, as perguntas abaixo devem ser respondidas de maneira afirmativa.

1. Sinto-me bem negociando nessa situação em particular?
2. A negociação irá satisfazer minhas necessidades?
3. Será que os objetivos que obterei nessa negociação compensam o gasto de energia e tempo de minha parte?

Da mesma forma, tente colocar-se no lugar da contraparte e responder essas perguntas. Caso alguma dessas tenha como resposta o não, vai entender por que a contraparte não quer negociar, ou algumas vezes, nem escuta sua proposta. Sendo assim, pense em argumentos iniciais que farão com que a contraparte responda positivamente essas questões e também perceba propósito para engajar nessa negociação. Tenha em mente que toda negociação visa satisfazer necessidades individuais ou organizacionais.

3.2 Negociação emocional *vs* negociação racional

A comunicação não poderia ficar de fora na revolução sobre o entendimento do que é inteligência, desenvolvido a partir da publicação do livro "Inteligência Emocional", no qual Goleman (1995), utilizando as mais recentes pesquisas sobre o funcionamento do cérebro, amplia o conceito sobre inteligência, provando que esta é mais emocional do que racional.

O melhor da história é que ele não ficou só na teoria e nos presenteou com inúmeras reflexões sobre a necessidade de nos atualizarmos para esse novo ponto de vista, além de oferecer indicativos de como podemos ser mais eficientes e mais felizes ao mesmo tempo, na turbulenta dinâmica da vida.

A razão e a emoção foram, durante muito tempo, observadas com um grau de independência que não possuem. Ninguém age estimulado unicamente por uma ou outra. Sempre haverá um pouco das duas em qualquer atitude que tomarmos.

O ideal é que sejam utilizadas de forma que uma preste seus serviços à outra e vice-versa, num intercâmbio contínuo de trocas. Numa linguagem poética, diríamos que a razão conduz a emoção, mas é a emoção que inspira a razão.

Nossas bases foram construídas na infância, mas felizmente, podem ser ajustadas, adaptadas ou até mesmo substituídas durante toda a vida. Tudo depende do quanto desejamos e permitimos que aconteça. Algumas mudanças independem da nossa vontade, como as consequências de um forte trauma, mas ainda assim podem ser por nós minimizadas, individualmente ou com ajuda especializada.

Na vida profissional, era costume prestigiar as decisões de cunho puramente racionais e isso criou o mito de que "homens de negócios não têm coração, são frios e calculistas". É bem verdade que tomar decisões tendo apenas a emoção por base pode não conduzir aos melhores resultados, mas hoje, quando o ser humano adquire mais importância no contexto empresarial, desprestigiar a emoção nas decisões já é percebido como "cegueira emocional", fazendo toda a diferença entre ter ou não uma equipe de alto desempenho e, por conseguinte, de sucesso.

Agora vejamos como é fácil compreender a necessidade de manter razão e emoção em um *mix* adequado em todas as atividades. A razão está ligada ao pensamento e a emoção ao movimento; pouco ou nada adianta pensar e não agir (colocar em prática), assim como tem pouco valor sonhar e não tornar o sonho realidade.

Goleman (1995) afirma que o controle potencializa a aplicação e a falta dele pode levar a consequências imprevisíveis.

Durante a vida montamos na memória um repertório de conhecimentos e também de sensações. No momento que somos apresentados a uma situação, em frações de segundo, buscamos identificar nos sinais que percebemos algo já depositado na nossa realidade interior. É com base na quantidade de sinais comuns que tomamos as primeiras decisões sobre gostar ou não gostar daquela situação.

Uma parte desses sinais, entretanto, nem passa por essa espécie de filtro classificatório, mas ainda assim pode nos levar a agir, antes mesmo que a fase de busca pela identificação seja completada. Numa situação de sobrevivência, essa atitude pode ser justificada; em outras, a justificativa costuma ser: "Não sei o que houve. Agi sem pensar".

Kahneman (2012) separa nossa forma de pensar em Sistema 1 e Sistema 2. Sistema 1 opera automática e rapidamente, com pouco ou nenhum esforço ou percepção de controle voluntário, como detectar quando um objeto está mais distante que outro, perceber a fonte de um ruído, detectar hostilidade em uma voz ou ler palavras grandes em cartazes. Ele é considerado herói, pois permite reação rápida em situações de perigo. Já o sistema 2 está associado às escolhas e concentração. Suas ações exigem atenção e são interrompidas quando a atenção é desviada. Como exemplos de ações do Sistema 2: contar ocorrências de uma letra em um texto, fazer cálculos complexos, procurar uma pessoa, comparar objetos ou preencher um formulário.

A divisão do trabalho entre os Sistemas 1 e 2 é altamente eficiente porque minimiza e otimiza o desempenho. Permite que você faça duas coisas ao mesmo tempo, desde que uma delas não exija atenção. Segundo Kahneman (2012) esse arranjo funciona muito bem na maior parte do tempo porque o sistema 1 replica seus modelos em situações familiares de maneira precisa. No entanto, o Sistema 1 possui vieses que levam à erros sistemáticos influenciados pelos filtros pessoais de percepção (generalização, omissão e distorção, ver item 3).

Quando exigimos uma rápida resposta de nossa mente, é possível que o Sistema 1 tome o comando e a resposta venha acompanhada de vieses e emoções.

A Figura 5 ilustra uma adaptação de da curva da morte, de Kübler-Ross e Kessler (2007). Originalmente, essa curva descreve os estágios pelos quais as pessoas passam a lidar com perda, luto e tragédia. Esses estágios também podem ser percebidos em todas as situações de negociação quando surgem bloqueios ou impasses que impedem o alcance dos resultados esperados por uma das partes. No momento do impasse, a reação de stress leva a uma reação rápida e emocional, a qual podemos nos arrepender depois.

Figura 5: Curva da morte

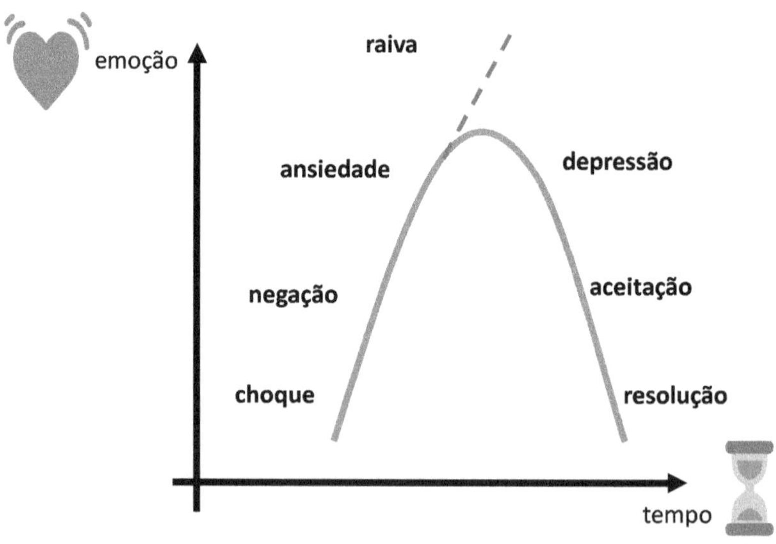

Fonte: Adaptado de Kübler-Ross & Kessler (2007)

Para entender a curva da morte numa realidade mais próxima, você pode se imaginar em uma quarta-feira, véspera de feriadão, quando resolveu ir de carro para o trabalho para viajar direto após o expediente. Após passar o dia contando os minutos para viajar, é chegada a grande hora. E quando desliga o computador da empresa e decide pegar a chave do carro, onde está a chave do carro? A chave do carro é um objeto valioso e a curva da morte pode ilustrar a variação emocional no momento de uma perda de um objeto valioso.

A primeira emoção que sente é um susto. "Como a chave não está aqui?!" Chega a sentir um frio na barriga. A partir daí, começa a procurar onde ela pode estar. É a negação. O sentimento é de que colocou em algum lugar (mochila, gaveta, bolso) e ainda vai achá-la. Após toda a procura sem sucesso, sente a ansiedade. Uma grande preocupação com como será o final de semana prolongado. Sente-se triste, pois não fará o programado e poderá perder alguma oportunidade de lazer. Até o momento em que se conforma com o ocorrido e aceita a realidade. Logo após, com mais calma, pensa em soluções, como: deixar o carro no trabalho e pegar uma carona, pedir que alguém traga uma chave reserva ou chamar o seguro do carro e fazer uma cópia da chave.

Todo esse processo de evolução emocional levou um certo tempo. Tempo esse que pode variar conforme a causa da alteração emocional e também pela maturidade e perfil da pessoa. O gráfico da Figura 5 pode mostrar uma curva mais intensa ou amena, mais demorada ou mais rápida conforme esses fatores.

A curva da morte pode também ilustrar a alteração emocional que ocorre em uma negociação quando recebemos um não para um interesse importante. Nosso interesse é considerado um objeto importante e o processo emocional será semelhante ao relato da perda da chave do carro na véspera do feriadão.

Em negociações altamente emocionais é natural que as partes tenham como objetivo a disputa ao invés da resolução do problema e a elaboração em conjunto de uma solução. Neste caso, as emoções de medo e raiva levam negociadores a fazerem ameaças ou se sentirem ameaçados, transformando questões tangíveis em intangíveis e diminuindo os níveis de confiança e parceria necessários para um bom acordo.

Sabendo disso, é importante reconhecer o momento certo de argumentar. Já deve ter acontecido com você de alguém te negar algo e ao mesmo tempo ficar tentando justificar e te fazer entender seus motivos. Aquele "bláblábá" só vai te deixando mais irritado... E você nem presta atenção no que a pessoa diz, só pensa nas suas perdas ou numa forma de contornar a situação. Já analisou por que isso ocorre?

No momento em que algo lhe é negado, suas emoções percorrem os estágios da curva da morte. Enquanto a contraparte tenta se justificar, você ainda está digerindo as informações. O período em que suas emoções estão no nível máximo, aproximadamente entre a ansiedade e a depressão, é chamado de período de percepção refratária. Neste momento, tudo que a contraparte disser, vai ser distorcido por seus filtros pessoais e só trará mais emoção para a discussão. E então, a emoção pode se transformar em raiva. Caso isso aconteça, o esforço para normalizar a situação pode adiar o acordo ou até mesmo impedi-lo.

Nesse sentido, importante que o negociador saiba reconhecer esses momentos de percepção refratária e use sua maior arma contra o descontrole emocional: o tempo. Mude de assunto, proponha uma pausa, ofereça um café... O importante é esperar o momento certo para a busca de soluções interessantes para ambas as partes. Use o tempo ao seu favor.

Importante lembrar que a emoção é uma via de mão dupla. Você também tem seu período de percepção refratária quando algo lhe é negado. Pela saúde da negociação, saiba reconhecer suas emoções e, da mesma forma, usar o tempo ao seu favor. Proponha uma pausa e volte com mais opções de soluções.

Fisher et al. (2005) sugerem algumas ações para diminuir a tensão das discussões:

Reconheça e compreenda as emoções do outro quanto as suas.

Lembre-se que você também tem sentimentos pessoais como medos, esperanças, ressentimentos ou raiva. Faça uma autoanálise. O que está produzindo essas emoções? Haverá problemas pessoais interferindo na discussão?

Avalie também as emoções da outra parte. Tente se colocar no lugar do outro e identificar a possível causa desse mal-estar.

Explicite as emoções e reconheça-lhes a legitimidade.

Converse sobre as emoções que envolvem a questão. Liberadas do fardo das emoções não expressadas, os negociadores se sentirão mais leves para buscar soluções.

Deixe que o outro lado desabafe.

Uma maneira eficaz para lidar com as emoções negativas é liberar esses sentimentos. Deixe a outra parte liberar suas queixas sobre você. Faça isso com o cuidado de controlar-se, sem reagir a ataques até que o outro tenha falado tudo.

Não reaja a explosões emocionais.

A liberação das emoções pode ser arriscada. Uma reação também explosiva pode levar à raiva e a uma violenta discussão.

Use gestos simbólicos.

Uma nota de solidariedade, uma visita, um aperto de mãos, um bombom, um abraço ou um singelo bilhete podem ser a porta de entrada para o coração de outra pessoa. "A desculpa é um dos investimentos menos dispendiosos e mais recompensadores que se pode fazer." (Fisher et al., 2005)

> "Só há um canto do universo que você pode ter certeza de aperfeiçoar, e é você mesmo."
>
> Aldous Huxley

4. Tempo, Informação e Poder

> "Quer você ache que é capaz ou não, você está sempre certo."
>
> Henry Ford

Três variáveis estão sempre presentes e interligadas na negociação: Tempo, Informação e Poder. Com esses três ingredientes, podemos nos posicionar melhor e alavancar resultados em qualquer negociação.

4.1 Tempo

Em praticamente todas as negociações, as concessões são feitas o mais próximo possível do final. Ganha vantagem o negociador que identifica o prazo limite da outra parte e controla suas reações quando seu prazo está chegando ao fim.

Em muitos casos, em prol de manter o seu prazo, o negociador fecha acordos desvantajosos. Vale a pena analisar o custo benefício de estourar prazos e ter a possibilidade de um melhor acordo.

Por exemplo, caso queira comprar um carro, o melhor momento de procurar uma concessionária é no final do mês. Neste período os vendedores estarão preocupados com o alcance das metas mensais e poderão oferecer condições mais vantajosas para alcançar suas cotas. Isto é, vale a pena, no início e durante uma negociação, avaliar se a pressão do prazo está interferindo na sua atuação e, caso positivo, tentar adiar seu prazo e minimizar as pressões ou qualquer outra forma de minimizar os efeitos do prazo. A seguir algumas dicas para isso.

É importante ressaltar que prazos em negociação podem ser negociados, definindo-se o que chamamos de prazo limite. O prazo limite é comum para as partes envolvidas. Negociado o prazo limite, este deverá ser cumprido. Isso pode diminuir a pressão unilateral do prazo, mas deve ser de acordo comum, logo no início da negociação.

Cohen (2007) nos dá algumas dicas para aproveitar as oportunidades do tempo em uma negociação:

1. Tenha paciência. Permaneça calmo e fique atento para agir no momento favorável. o mais forte é aquele que suporta a tensão de fugir ou lutar.
2. Em uma negociação litigiosa, não revele seu tempo limite.
3. Por mais que a contraparte permaneça calma, sempre tem um tempo limite.
4. Ações precipitadas devem ser tomadas somente quando for garantida sua vantagem.

Você pode ainda criar situações em que a contraparte tem a percepção que deve tomar uma rápida decisão. Você pode perceber esse tipo de estratégia quando um vendedor diz que é o último item da loja ou quando, em um evento especial, como um lançamento, dia de aniversário ou *Black Friday*, aquelas condições são únicas para o fechamento do acordo naquela data. Percebemos essa tática também na venda de lotes de ingressos para certos eventos. Essa tática é chamada de transferência de prazo. É quando você cria situações onde, se a contraparte fechar negócio imediatamente ela terá uma certa vantagem. Depois desse prazo quase que imediato, você não poderá garantir as condições futuras. Porém, cuidado! Não são todos que reagem bem a esse tipo de tática. Ela deve ser muito bem elaborada para ter sucesso e não gerar raiva ou desconfiança na contraparte.

Certa vez, eu gerenciava um projeto em uma empresa que era bem afastada do centro da cidade. A empresa disponibilizava ônibus para os funcionários dada essa distância das residências. Era um grande projeto, com vários contratos significativos a serem assinados. Eu era a gerente do projeto, mas quem assinava os contratos era o gerente da área. Quando eu negociava com os fornecedores, eles sabiam que quem assinaria seria outra pessoa.

Entretanto, o gerente da área era muito ocupado e viajava bastante. Era muito difícil conciliar uma agenda para reuniões com fornecedores. Apenas na finalização do contrato, depois de muitas "tentativas" de agenda (eu fazia questão de adiar ao máximo esse contato), agendávamos uma reunião comigo, o fornecedor e o gerente. Nesta data, convidava o fornecedor para almoçar com a equipe do projeto. Logo depois, o convidava para uma visita à fábrica guiada por um estagiário da produção. Somente depois que o direcionava para a sala de reunião. Bom, com toda essa programação, a reunião começava por volta das 15:30 e como o ônibus da empresa saía às 17hs, a reunião deveria acabar no máximo às 16:45. Desta forma, criava uma pressão de tempo para que o fornecedor fechasse os ajustes finais do contrato.

Como toda tática, novamente ressalto, deve ser feita com muito cuidado! E só será usada uma vez! Então planeje bem como poderá fazer sua pressão de tempo sem criar desgastes e falta de confiança com a outra parte.

4.2 Informação

As informações são imprescindíveis para a tomada de decisão do negociador. Porém, raramente prevemos a necessidade de informações. Somente em circunstâncias de emergência e sob pressão é que entendemos que estamos participando de uma negociação (Cohen, 2007).

Devemos buscar informações com:

- Pessoas que trabalham com quem vai negociar;
- Pessoas que já tenham negociado com quem vai negociar;
- Perguntas e percepções durante a interação.

Na maioria dos casos, as pessoas se sentem mais confortáveis em dar informações quando não se sentem ameaçadas. Além disso, e geralmente, você precisa dar informações para obter outras em troca. Isso vai aumentar o grau de confiança da contraparte com você. Por isso, a criação e manutenção de bom relacionamento e confiança com a outra parte é imprescindível.

Quanto vale um carregador de celular no aeroporto quando a bateria do seu está no final, seu embarque já está aberto e precisará chamar um carro por um aplicativo assim que chegar ao seu destino? A definição de preço de oferta de um produto e de outras condições negociadas vai muito além de custo mais margem pois é influenciada também por variáveis como: oportunidade, pressão do tempo, benefício percebido, condições de pagamento, status, reputação e outros.

Quando percebemos ou temos a informação de alta necessidade ou urgência da contraparte, conseguimos tirar mais vantagens do acordo. Claro, sempre devemos pensar nos dois principais eixos da negociação: ganho e relacionamento. E pensar também nos impactos a longo prazo que nossas ações irão gerar. Por isso pense nos resultados de sua negociação à curto e logo prazos e o que deseja desses resultados.

A informação pode te ajudar a criar acordos que não pressionam a contraparte e mesmo assim tragam vantagens para os dois lados.

Por exemplo, trabalho na área de aquisições de uma fábrica. Quanto mais baixo o preço dos insumos, melhor para o desempenho da minha empresa e também para meu bônus no final do ano. Posso tomar dois caminhos: (1) pressionar os fornecedores, gerar disputa entre seus concorrentes para conseguir o preço de compra mais baixo possível, sem me importar com os resultados e a saúde financeira de meus fornecedores. Normalmente usando a postura de Luta ou Uso de Poder, focando em ganhos e não em relacionamento.

(2) Posso aproveitar as informações e criar uma relação de parceria e longo prazo com meus fornecedores. Como fazer isso e ainda ter vantagens? Por exemplo: a) integrando o fornecedor no desenvolvimento de novos produtos e melhoria dos existentes, com a expertise do fornecedor em termos de materiais e design, podemos desenvolver soluções em conjunto; b) melhorar a logística criando soluções de *just in time*, *lean production* ou até mesmo uma unidade do fornecedor dentro da planta de minha empresa; c) contrato de garantia de fornecimento a médio ou longo prazo. Para que esses tipos de soluções sejam viáveis, a troca de informações é imprescindível.

4.3 Poder

> "Que jamais negociemos por medo, mas que nunca tenhamos medo de negociar."
>
> John F. Kennedy

Em uma negociação existem dois tipos de poder: o Real e o Aparente. O poder real está ligado ao poder de decisão ou poder hierárquico do negociador. Já o poder aparente é a forma, postura, autoconfiança ou entusiasmo com que o negociador negocia. Esses poderes não são excludentes, isto é, não preciso ter um ou outro, posso ter os dois ao mesmo tempo. Aliás, isso é o ideal, conjugar o poder de decidir com uma boa postura durante a negociação. Porém, algumas vezes não temos muito poder de decisão em nossas mãos. Neste caso tempos que caprichar no poder aparente (sem ser arrogante). Há alguns negociadores que, mesmo tendo a faca e o queijo na mão, isto é, um alto poder real, não se sentem seguros para negociar e perdem oportunidades de exercer seu poder por demostrar um baixo poder aparente.

Em uma negociação, o poder aparente é mais determinante que o poder real. A sua autoconfiança é quem determina o modo como o veem, acreditam e reagem em relação a você. Afinal:

> "Nada inspira mais coragem ao medroso do que o medo alheio"
>
> Umberto Eco

Segundo Cohen (2007, p. 55), "poder é a percepção que você tem de você, de que seja capaz de provocar os efeitos que acredita que possam ajudar ou prejudicar outras pessoas. Apesar do poder, como a beleza, só existir nos olhos do observador, ele começa em você." Poder é a capacidade de fazer com que as coisas sejam realizadas. O Poder não é um objetivo em si, mas um meio para se chegar a um fim.

Certa vez, fiz um passeio incrível em Torres del Paine, no Chile. Foi uma semana bem interessante, mas um dia em especial me marcou com grande aprendizado. Fiz um passeio ao pé da torre, que é uma formação rochosa com aspecto de duas torres gêmeas. O passeio consistia em uma caminhada de 2h40 para chegar ao pé da Torre e o mesmo tempo de volta em meio a uma linda paisagem. No caminho de ida, foram tantas paradas para tirar fotos que ultrapassamos em 40 minutos a previsão, foram 3h20 para chegar ao destino. Já quase lá, o guia fez uma parada e pediu para ver as fotos que havia tirado, elogiou o enquadramento das paisagens e comentou que seria ótimo se avistássemos um puma, poderia tirar várias fotos lindas. Como assim? Um puma? Parar para tirar fotos? Loucura! Vou sair correndo!

Ele tentou me acalmar e me explicar como agir naquela situação. A primeira coisa é manter a calma, parar e olhar diretamente nos olhos do puma. Se estiver com casaco, abri-lo, se estiver com uma mochila, colocar acima da cabeça e qualquer outra ação que te faça parecer maior do que é. Como o puma não está acostumado a comer pessoas, se demostrar poder e segurança, ele vai pensar que você é o maior predador e vai se afastar. Segundo o guia, nunca houve nenhum incidente com humanos no parque. Mesmo assim, para não correr o risco, parei de tirar fotos e o caminho de volta durou um pouco mais que duas horas.

E qual o grande aprendizado do dia? Quem tem o poder real nessa situação, o homem ou o puma? Quem decide qual vai ser o almoço? Claro que é o puma! O ser humano não corre, não possui garras nem dentes afiados! No entanto, se o homem demostrar que tem poder (poder aparente), a chance de ser engolido é bem menor. Sendo assim, a negociação segue regras semelhantes às da natureza.

4.3.1 Fontes de Poder

Algumas fontes de poder definidas por Cohen (2007) são destacadas abaixo:

RECOMPENSA: trocas, concessões, barganhas.

Em toda negociação existem duas coisas sendo negociadas:

1. As questões e as exigências específicas, que são declaradas abertamente;
2. As verdadeiras necessidades do outro lado, que raramente são verbalizadas.

Faça uma estimativa razoável das necessidades do outro e poderá prever, de modo preciso, o que vai acontecer em qualquer interação.

Para interagir com sucesso com qualquer indivíduo, em qualquer negócio, tudo o que tem a fazer é determinar as necessidades do outro e depois satisfazê-las.

Por vezes, aquilo que as pessoas dizem que querem (exigências) não é o que irá satisfazer as suas necessidades específicas.

INVESTIMENTO: tempo, dinheiro e energia.

No começo tudo são flores... No início da negociação, sempre abordagens colaborativas reforçando a relação com a contraparte. A postura mais competitiva deve sempre ficar para o final, quando o outro lado já tiver feito algum tipo de investimento.

Se você tiver algo difícil de negociar – uma questão emocional ou um problema prático que possa ser exposto numericamente – deixe-o para o final da negociação, após o outro lado ter gasto muita energia e investido muito tempo. Mesmo que o assunto apareça no início da negociação, converse sobre ele, mas adie a decisão. Só volte ao assunto quando a outra parte já tiver gasto muito tempo com você.

É surpreendente como o investimento de tempo torna a outra parte mais flexível no fim da negociação.

COERÇÃO: pressão e equilíbrio.

Se o outro lado acha que você pode ajudá-lo ou prejudicá-lo – física, financeira ou psicologicamente – isso reforça a sua posição desde que ele continue pensando assim. Não se desfaça dessa ideia. Mantenha aberta esta opção. Em uma situação competitiva, não elimine as opções nem reduza a tensão do outro lado, a não ser que receba algo em troca. Deixe os outros na incerteza até ganhar aquilo que quer. Talvez ele pense duas vezes na sua oferta antes de tentar um lance contrário ou mais ousado.

LEGITIMIDADE: lei e aceitação.

Na nossa sociedade as pessoas estão condicionadas a repetir tudo aquilo que aparece em letras de forma. Palavras e sinais impressos têm autoridade. A maioria das pessoas tende a não os questionar. Mas em suas negociações, e pela vida a fora, a legitimidade pode e deve ser questionada e desafiada. Use esse poder sempre que lhe for vantajoso ou questione-o quando lhe for conveniente.

RISCOS: coragem e bom senso.

> "Para você tirar a sorte grande, você tem que comprar o bilhete."
> Flip Wilson

Você deve estar disposto a correr riscos enquanto negocia. Isto envolve uma mistura de coragem e bom senso.

Para correr riscos com inteligência é necessário pesar os prós e os contras, estar preparado para dar de ombros e aceitar uma derrota razoável sem se queixar. "O risco de um retrocesso é o preço por qualquer progresso". Mas antes de arriscar qualquer coisa, calcule as probabilidades para determinar se os benefícios potenciais recebidos valem o preço de um fracasso. Seja racional e nunca impulsivo. Nunca corra riscos por orgulho, impaciência ou desejo de resolver a situação o mais rápido possível. Arriscar-se envolve uma mistura de coragem e bom senso.

Trabalhe as informações cuidadosamente; ao tentar mudar o ponto de vista, o pensamento, a percepção e as expectativas de alguém, lembre-se que as mudanças e as novas ideias só são aceitas lentamente. Para a maioria das pessoas é mais fácil e mais confortável não sair do caminho que já conhecem.

CONHECIMENTO: experiência e talento.

Quando os outros sabem ou imaginam que você tem maior conhecimento técnico que eles sobre um assunto, você é, geralmente, tratado com uma consideração que vai do respeito à admiração.

A maioria das pessoas raramente questiona as afirmações de contadores, médicos, mecânicos de automóveis, advogados, técnicos em informática, bombeiros hidráulicos, generais etc. E por quê? Porque estão convencidas de que eles sabem mais do que nós em suas especialidades. Assim, apresente o seu background logo no início do encontro e é provável que nada do que você disser seja contestado, mas é bom mesmo ter os conhecimentos que os outros vão pensar que você tem. Prepare-se antecipadamente. Vale a pena se dedicar para realizar uma boa negociação.

Lembre-se, acima de tudo, não seja pretensioso. No mundo de hoje, rapidamente, todo conhecimento se torna obsoleto e é impossível ser perito em todos os assuntos. O melhor é dominar a arte de fazer perguntas inteligentes e analisar o significado das respostas.

PERSUASÃO: pessoal e sedução.

Em nossa sociedade civilizada, a maioria das pessoas superestima o poder do raciocínio lógico. Somos levados a acreditar que a lógica sempre prevalece.

Para persuadir alguém a acreditar em algo, devemos contar com três fatores:

1. Ela tem que entender o que você está dizendo. Suas razões devem ser expressas por analogias que se relacionem com a experiência, nível de conhecimento e formação particular do outro. Você tem que entrar no seu mundo.
2. Seus argumentos devem ser tais que ele não consiga contestá-los.
3. Para ela aceitar o seu ponto de vista, ele deve satisfazer as necessidades dela.

Você irá aumentar sua capacidade de negociar se fizer os outros se identificarem com você.

O que nos faz preferir uma loja, um shopping, um banco, um restaurante ou posto de combustível não é somente a qualidade, a conveniência e o preço.

O único fator que pode contrariar todos os itens anteriores ou reforçá-los é o seu grau de identificação com as pessoas com quem entra em contato. Por isso, não esnobe nem exagere sua autoridade. Transmita compreensão e empatia. Observe as necessidades, esperanças e aspirações das outras pessoas.

Agindo com bom senso e profissionalismo ao negociar, você ganhará, em retribuição, cooperação, lealdade e respeito. Tente transmitir compreensão e empatia.

A identificação existe em todas as relações interpessoais, inclusive na política e nos negócios.

Capítulo 2
Processo negocial

"A negociação, como qualquer interação importante, não é um evento, é um processo."

(Cohen, 2007, p. 102)

"Em toda situação temos dois tipos de preocupação: a maneira como conduzimos tal situação – o processo – e os resultados. [...] São distintos, mas estão relacionados: um afeta o outro. [...] Se quisermos melhorar os resultados, temos que melhorar o processo." (Fisher et al., 2005, p. 32)

O processo negocial pode ser dividido em três fases distintas:

Planejamento: Esta se refere a toda preparação para a negociação, englobando a coleta de dados e definição de objetivos, cenários, estratégias e táticas. Muitos negociadores negligenciam esta fase da negociação e acreditam que a negociação se inicia após o primeiro impasse.

Interação/Execução: Esta fase é o coração da negociação. Quando os negociadores interagem e discutem interesses, expõem propostas, discutem opções e fecham o acordo.

Controle: Esta fase é o período que o negociador deve avaliar o seu desempenho e os resultados das fases anteriores da negociação. Tanto negociamos em nosso cotidiano, porém não percebemos que a negociação é um processo que deve ser controlado e melhorado a cada dia.

1. Planejamento

> "A pressa gera erro em todas as coisas."
>
> Heródoto

A dedicação de tempo ao planejamento e preparação melhora a atuação e aumenta a probabilidade da negociação ter sucesso. Muitos negociadores acreditam que a negociação se inicia ao primeiro "não". No entanto, muitos "nãos" poderão ser evitados com uma boa abordagem inicial ou revertidos com uma boa argumentação, quando previamente planejadas.

O planejamento proporciona ao negociador uma visão mais clara do cenário que irá encontrar. É o momento em que o negociador poderá prever vários cenários e se preparar para enfrentar cada um destes. A falta desta preparação pode levar ao improviso e, talvez, a um desfecho indesejado.

Preparar-se contribui, também, para reduzir o grau de ansiedade e insegurança que são geradas por situações novas e desconhecidas. O desconhecido gera medo e ansiedade. Uma vez conhecidos os possíveis cenários da negociação, estes sentimentos são reduzidos.

Abaixo algumas dicas para o passo a passo desta fase:

- Coletar dados sobre a outra parte (necessidades, valores, práticas passadas, confiabilidade, prazos, táticas, estilos e expectativas);
- Identificar os principais assuntos e fazer planos para cada um isoladamente;
- Criar uma pauta com a sequência mais conveniente e submeter antecipadamente para todos os envolvidos na negociação;
- Avaliar possíveis implicações a longo prazo dos assuntos;
- Identificar os negociadores das partes (representatividade e experiência do líder e participantes);
- Qualificar e quantificar o clima da outra organização;
- Identificar suas alternativas para o caso de não acordo (MACNA);
- Aprovar os seus limites na negociação;
- Buscar um ambiente (local) adequado para negociar;
- Garantir, desde o início, acompanhamento de suporte jurídico, fiscal, regulatório, financeiro etc., caso necessário;

- Fazer reunião antecipada com os membros de sua equipe e deixar claro a colaboração de cada um conforme um protocolo previamente estabelecido;
- Recomendar a sua equipe para não demonstrar divergências de opinião na frente da outra parte (coesão);
- Descobrir e ressaltar pontos em comum;
- Considerar as opções de ação e a melhor alternativa de negociação;
- Local da negociação: Na empresa é mais fácil organizar tudo e convocar especialistas, mas é mais propício a interrupções. Fora da empresa é mais difícil ter controle sobre a logística e os horários, além da falta de familiaridade com o ambiente e alguns recursos. No entanto, no local indicado pela outra parte, esta se torna mais à vontade para falar de suas necessidades.

Sendo assim, vamos detalhar o passo a passo de algumas ferramentas que podem ser utilizadas.

1.1 Ferramentas para Planejamento

1.1.1 Atores da Negociação

Considerando arte como forma de expressão por meios diversos, podemos entender que negociação é uma forma de arte. E temos motivos para assim justificar, já que os participantes de uma negociação representam partes e interesses e atuam como personagens em busca dos seus objetivos.

Tal qual artistas, os negociadores fazem uso das suas habilidades pessoais, desde o planejamento até a execução. E, ampliando o conceito dos atores de uma negociação, assim consideramos não só aqueles que participam diretamente das decisões, mas sim todas as pessoas que participam em qualquer fase do processo de negociação. Pode ser os atores internos, isto é, sua equipe de negociação, ou atores externos, a equipe da contraparte.

Vamos classificar os Atores Externos da Negociação tendo como base as semelhanças e diferenças em relação a duas características fundamentais do relacionamento entre as partes. São elas: as ideias, isto é, "o que" e "como" se pensa, e a confiança, ou seja, a segurança e o crédito que cada parte sente em relação às demais envolvidas.

Convém ressaltar que abordamos a confiança como um item dependente da percepção individual, o que significa estar sob influência da subjetividade provocada principalmente por aspectos emocionais, em detrimento de qualquer proposta racional que possa ser apresentada.

Figura 6: Atores Externos

Desta forma, classificamos os envolvidos na negociação fora de nossa equipe da seguinte maneira:

Intermediários – há confiança entre as partes, mas as ideias não exercem influência na relação entre as partes. São eles os mediadores, conciliadores, árbitros ou tradutores. Essa figura deve ser neutra durante a negociação e de confiança de ambas as partes. Por exemplo, um corretor de imóveis que se diz o intermediário entre o comprador e o proprietário possui interesses envolvidos em uma negociação, por isso nunca poderá ser considerado um intermediário. Já um juiz que delibera uma sentença deve ser totalmente isento e não ter nenhum tipo de interesse na negociação.

Aliados – há confiança entre as partes e as ideias são convergentes. Aliados podem ser sócios ou pessoas que possuem grande parte dos interesses na negociação em comum e um alto nível de confiança.

Oponentes – há confiança entre as partes, mas há muitas divergências entre as ideias.

Adversários – não há confiança entre as partes e as ideias são divergentes.

Por que classificamos os atores externos? Essa classificação direcionará todo o planejamento. Por isso é feita logo no início do planejamento. Caso você identifique que as ideias são divergentes, seu preparo quanto à argumentação e soluções criativas deverá ser mais intenso. Caso perceba que a contraparte não é confiável, deverá pensar em formas de mitigar o risco de um não cumprimento do acordo. Sendo assim, contratos, multas contratuais e testemunhas podem ser de grande valia.

Atenção, a classificação pode mudar ao longo da negociação... Cito Lulu Santos e Nelson Motta ("Nada do que foi será/de novo do jeito que já foi um dia/tudo passa, tudo sempre passará.") para esclarecer que esta classificação não é um rótulo eterno para qualquer das partes envolvidas e que mesmo durante o processo de negociação, e até sob a influência das informações obtidas pela participação no processo, uma ou mais partes envolvidas podem "mudar de lado", alterando ou simplesmente alternando seu posicionamento quanto às ideias e sua percepção quanto à confiança.

Imagine que possui uma sociedade com um amigo de infância. O negócio não está indo bem e a decisão de ambos é encerrá-lo. Até aí, é natural que o considere como seu aliado pois confia e tem interesses convergentes. Em uma certa altura, você propõe comprar os ativos da empresa e esse sócio tem o mesmo desejo. Neste ponto, a negociação ficará um pouco mais difícil e você precisará planejar melhor seus próximos passos porque seu sócio se transformou em um oponente. Como solução, seu sócio propõe levar a lista de ativos para um especialista no comercio desse material e lhe comprar pelo preço do mercado. Como até então vocês possuem uma relação de confiança, você aceita. Entretanto, os preços apresentados por esse especialista, amigo do seu sócio, são muito abaixo do mercado. Neste momento, não há mais confiança entre as partes. Seu sócio se tornou um adversário e você deverá melhorar seu planejamento de riscos nessa negociação. O planejamento será mais intenso e a negociação mais difícil.

O que importa é identificar a forma de atuação dos envolvidos, a fim de manter o relacionamento de acordo com a posição em que cada parte se encontra. E sempre estar atento às mudanças de comportamento da contraparte, o que também deverá levar às mudanças de suas atitudes.

Importante também identificarmos ou até criarmos os atores internos da negociação. Isto é, formar nossa equipe de negociação!

Figura 7: Equipe da negociação

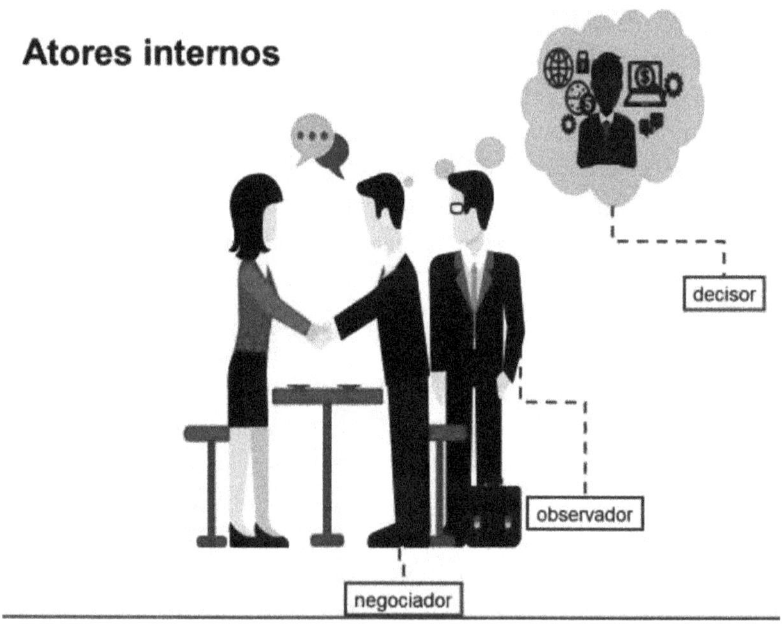

A equipe de negociação pode ser formada por três personagens: o negociador, o observador e o decisor.

O **Negociador** é aquele que tem alta capacidade de comunicação e negociação, bom poder de influência e persuasão e ainda conhece sobre o tema ou ambiente da negociação. É ele quem vai interagir com a contraparte. Precisa se mostrar confiável e seguro.

O **Decisor** pode ser um indivíduo ou um grupo. Por exemplo, pode ser formado por integrantes das áreas financeira e técnica de uma empresa. O decisor é responsável por definir os parâmetros da decisão, os principais interesses, os limites e as possibilidades de concessões. É importante afastar o decisor da mesa de negociação por dois motivos:

(1) Quando o decisor não está envolvido na negociação, fica mais fácil separar as decisões dos aspectos emocionais que envolve o relacionamento interpessoal. Assim as decisões podem ser mais racionais. (2) É preciso dar autonomia ao negociador. Se há uma pessoa treinada para negociar é preciso deixar que ela faça seu trabalho de forma autônoma. Caso a contraparte tenha acesso ao decisor, com certeza vai querer *by passar* o negociador e toda a estrutura vai por água abaixo.

O **Observador** é aquele que participa da mesa de negociação, no entanto de forma não tão ativa como o negociador, ele não toma decisões nem expõe questões importantes, só interage de forma diplomática. O grande papel do observador é observar! Parece óbvio! Mas vamos entender melhor.

O negociador estará preocupado com a argumentação, com as trocas e os resultados do acordo. Isso faz com que ele perca bastante de sua capacidade de avaliação do ambiente e da comunicação não verbal das partes. Neste sentido, a grande importância do papel do observador é dar informações ao negociador sobre suas percepções sobre a negociação. Por exemplo, o momento da discussão em que a contraparte se mostrou mais tensa ou satisfeita ou alguma fala ou informação que não foi percebida pelo negociador.

Outra função pouco conhecida do observador, e também não tão óbvia assim, é ser o *S.O.S.* do negociador. Vamos supor que a relação entre o negociador e a contraparte tenha chegado à um nível de tensão e discórdia e o negociador não esteja conseguindo contornar. Lembra que o observador participou de todas as interações de forma diplomática. Por isso, além de já ser uma pessoa conhecida, ainda possui todo o histórico das interações. Sendo assim, de maneira sutil, negociador e observador trocam de papeis. Digo de maneira sutil, pois não precisa, nem deve ser uma troca comunicada para a contraparte. O que deve acontecer, é, aos poucos, o negociador ir diminuindo sua interação e o observador assumindo o papel de protagonista. A troca do interlocutor poderá diminuir a tensão e facilitar o acordo.

1.1.2 Quadro de Interesses

O motivo para que uma pessoa decida negociar é a satisfação de pelo menos um interesse. Identificar e classificar estes interesses pode ser um excelente ponto de partida para o planejamento da negociação.

Para isso, primeiro liste os seus interesses. Esses são mais fáceis, pois você pode definir o que quer. Tente identificá-los de maneira objetiva, pois, como já vimos anteriormente, facilitará na comunicação durante a negociação. Depois, tente explorar ao máximo as possibilidades de interesses da contraparte. Esse momento de planejamento será como um *brainstorming*, não coloque filtros, pois quanto mais objetivos identificar, menos surpresas terá durante a negociação. No momento da interação, haverá uma etapa onde testará qual desses interesses listados são verdadeiros ou não, mas por enquanto a quantidade é importante.

O próximo passo é separar os interesses comuns dos opostos. Os interesses comuns são aqueles que ambas as partes concordam. E os opostos, aqueles que as partes discordam.

A identificação dos interesses acontece no planejamento. Entretanto, a utilização deles acontecerá na interação. Os interesses comuns geram um sentimento de identificação. Já os interesses opostos geram sentimento de separação e conflitos.

Sabemos que, no início da negociação, precisamos gerar na contraparte a vontade de engajar na negociação. Precisamos deixá-la confortável, mostrar que ela vai ganhar algo ao final do acordo e que a negociação é válida. Sendo assim, inicie a negociação com os pontos comuns, isso vai auxiliar na criação de confiança, empatia e vontade do outro negociar.

E os pontos divergentes? Qual o melhor momento para usá-los? Esses, podemos ainda segmentar em dois tipos: os que eu nego e os que o outro me nega, como na Figura 8 a seguir.

Figura 8: Quadro de Interesses

Interesses Comuns	Interesses Opostos	
	Eu Nego	O outro Nega

Qual o motivo dessa segmentação? Quando temos interesses que nós negamos à contraparte, de acordo com a curva da morte apresentada no primeiro capítulo, geramos uma alteração emocional na contraparte que vai da emoção de choque à solução de problemas. Sabemos que no meio desse caminho emocional há o período de percepção refratária, onde a argumentação não é ouvida ou é distorcida. Sendo assim, quando negamos algo a alguém, não é interessante ficar discutindo ou se justificando nesse momento crítico. O melhor é dar um tempo. Entretanto, se deixarmos esses assuntos para o final do nosso prazo para negociar, não teremos como usar o tempo ao nosso favor para acalmar a situação. Assim, fica fácil de concluir que esses interesses que você negará à contraparte não podem ser deixados para o final de seu prazo para a conclusão do negócio.

Podemos ir um pouco mais além na importância desta segmentação de "interesses que eu nego" e "os que me são negados". Já ocorreu de ouvir de uma contraparte um pedido inusitado quando quase na conclusão do acordo? E a contraparte ainda argumenta: "Fizemos um excelente negócio até aqui! Não acredito que vai jogar todo nosso esforço fora ao me negar apenas isso!"

Alguns negociadores utilizam como tática deixar na manga até o último momento alguma questão e, no final da negociação, usar a pressão do tempo para conseguir. Mesmo que já espere um "não" seu, exagera (ou até finge) a emoção da perda. E, como o tempo para fechar negócio é curto, te deixa sem tempo para esperar o momento certo para argumentar, te obrigando a ceder.

Você pode utilizar essa tática, lembrando sempre do equilíbrio que deseja entre o ganho e o relacionamento e das consequências que uma tática mal aplicada pode ter. Se for usar, a dica para escolher os interesses que deixará para o último minuto é: selecione um ou dois daqueles que o outro te nega e que possa correr o risco de não alcançar, pois se a contraparte perceber sua tática, poderá negar definitivamente e você também não terá tempo para criar soluções.

1.1.3 MACNA: melhor alternativa em caso de não acordo

Ainda no planejamento de uma negociação, precisamos determinar limites. Isto é, definir até quando podemos conceder. Os limites nos permitem evitar armadilhas de pressões e tentações momentâneas no calor de uma negociação. Lembre-se, também, que negociadores possuem múltiplos interesses e os interesses possuem pesos de importância diferentes. Limites estipulados para cada um dos interesses podem inviabilizar um acordo. Portanto, o arranjo entre esses interesses pode definir se o acordo será bom ou ruim, não apenas cada interesse de forma isolada.

Como, então, definir seus limites de maneira holística?

Pense no seu plano B! Isto é, imagine toda e qualquer alternativa caso não feche acordo com a contraparte. Depois, escolha a melhor delas. Essa será seu plano B, ou sua MACNA (Melhor Alternativa em Caso de não Acordo). Quanto mais alternativas imaginar, mais rico será o seu planejamento. Mas apenas uma delas será considerada sua MACNA, a melhor de todas.

Toda e qualquer proposta feita pela contraparte poderá ser comparada à sua MACNA. Dessa maneira, o negociador poderá definir se a proposta é vantajosa ou não, analisando todos os interesses em jogo.

Por exemplo: você está vendendo sua casa por um milhão de reais. Já se passaram seis meses e nenhum comprador se interessou. Até que um dia, um comprador te oferece R$ 900 mil pelo imóvel. Como decidir se deve aceitar ou não?

Pense no fato de não fechar com esse comprador. Pode estimar que passará mais 6 meses até que um novo interessado se apresente. Neste caso, pagará impostos e manutenção da casa. Traga esse valor para a data de hoje, isto é, calcule o valor presente considerando juros de mercado. Mais um detalhe, suponha que possui um empréstimo no banco e esteja pagando juros. Quanto pagará de juros ao banco por mais 6 meses? Traga também para o valor presente e compare com a proposta do possível comprador.

Para enriquecer seu planejamento, pode pensar em alternativas como, por exemplo, transformar sua casa em um salão de festas. Quanto espera ter de retorno? Ou ainda, transformá-la em um estacionamento. Quanto espera ter de retorno? Compare estas situações.

Vamos supor que, caso transformasse sua casa em um salão de festas, teria um retorno estimado de R$ 980 mil e o estacionamento, R$ 920 mil. Das opções levantadas, a casa de festas é a melhor alternativa, sendo assim, sua MACNA. Financeiramente, esta seria a melhor opção. Entretanto, lembre-se que a MACNA nos permite comparar diversos interesses, não só o financeiro. Vamos comparar a MACNA com a alternativa real de acordo. Ao abrir um salão de festas, você deverá trabalhar aos finais de semana, terá o trabalho de gerenciar uma empresa e seus funcionários e fornecedores e ainda lidar com clientes. Deverá considerar que haverá o risco do negócio. Deverá também, até que o negócio comece a dar lucro, aderir a mais um empréstimo bancário para as obras e início do negócio.

Caso o interessado atual compre sua casa, poderá quitar sua dívida e aplicar o restante do dinheiro sem maiores preocupações. Sabendo disso, dependendo de seu perfil, poderá escolher entre aceitar a proposta ou seguir com sua MACNA.

Caso resolva que a venda é a melhor opção, você pode fazer contrapropostas ao interessado. Neste caso, são propostas, não MACNA. MACNA considera alternativas caso não feche acordo com a contraparte.

Pensar em alternativas e definir a MACNA pode permitir que o negociador aproveite ao máximo suas oportunidades de uma negociação, bem como impedir que um negociador aceite um acordo que deveria ser recusado, caso a proposta atual seja pior que a MACNA.

MACNA também é conhecido por:

BATNA – *Better alternative to no agreement*;
MAANA – Melhor alternativa à negociação de um acordo;
MAPUANA – Melhor alternativa para um acordo não alcançado;
MADI – Melhor alternativa disponível.

Todos esses e outros mais acrônimos possuem o mesmo significado, eles são originados de BATNA. Cada autor que traduz o conceito de forma livre para língua portuguesa produz um novo acrônimo. Foque no entendimento do conceito, pois esse é único. E mais importante: a MACNA determinará os limites e níveis de poder de cada parte na negociação. Quem tem um bom plano B não depende do acordo e, assim, poderá obter melhores resultados.

Um bom planejamento deve considerar também a MACNA da contraparte, porque os limites, ou seja, a MACNA de cada uma das partes, auxilia na definição da área de barganha, também chamada de Zona de Provável Acordo – ZOPA.

Pense: se a contraparte não fechar negócio com você, quais são as alternativas que ela terá no mercado? Talvez você não saiba exatamente quais são essas alternativas, mas, conhecendo o mercado, poderá fazer uma estimativa bem próxima da realidade. Você pode conhecer seus concorrentes e saber os níveis de qualidade, preço, rapidez etc. Isso ajudará em sua estimativa. Estimar um cenário é melhor que nada.

Já lhe aconteceu de fazer uma proposta e a contraparte aceitar na hora com um sorriso no rosto e você pensou: "acho que ofereci demais"? Ou sua primeira oferta ter sido imediatamente recusada sem chance de negociação? Então, a estimativa da MACNA da contraparte pode evitar propostas acima do esperado da contraparte ou muito abaixo de suas expectativas. Estimando a MACNA da contraparte você poderá atender necessidades da contraparte com um esforço reduzido de sua parte e oferecer propostas realistas e que agreguem valor para ambos os envolvidos na negociação. Saber sua MACNA pode proteger o negociador contra um acordo desvantajoso, permitir flexibilidade na identificação e criação de acordos e aumentar o poder e a segurança do negociador (Fisher et al., 2005).

Os limites de cada parte (mínimo de um e máximo do outro) são chamados de pontos de resistência ou pontos de recuo.

A Figura 9 representa as faixas de barganha de um vendedor e um comprador em uma situação de compra/venda de um insumo. Enquanto, para o vendedor, quanto mais alto o preço final, maior sua margem de lucro, para o comprador, quanto mais baixo o valor final, melhor. Cada uma das partes possui um limite, onde o acordo se torna desvantajoso, esse é o ponto de recuo. A intersecção entre as faixas de barganha das partes representa a zona de provável acordo. Para ser didática, essa figura representa apenas um interesse envolvido na negociação, o preço. No entanto, há limites a serem considerados de todo e qualquer interesse envolvido no acordo.

Figura 9: Zona de possível acordo

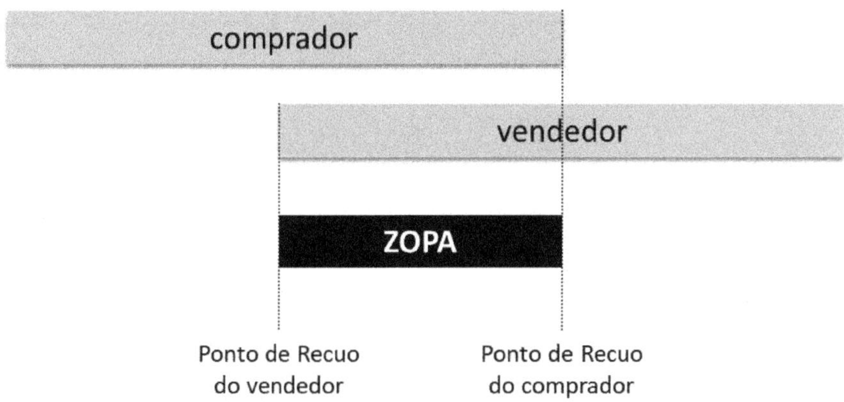

A partir de suas definições de valores almejados e mínimos para o acordo (de novo, aqui falando de preço, mas pode ser usado para qualquer parâmetro), os negociadores iniciam as propostas com seus valores almejados e se deslocam ao longo de suas faixas a fim de encontrar um ponto comum e mutuamente aceitável para o acordo (Carvalhal et al., 2014). Quando consideramos apenas um parâmetro para negociar, preço por exemplo, as concessões serão feitas apenas como uma disputa em que cada uma das partes quer finalizar o acordo mais perto do ponto de recuo do outro. Este movimento é chamado de barganha posicional. Normalmente, tem como resultado um acordo distributivo, que não aproveita oportunidades de ganhos mútuos. Nem sempre a melhor maneira de chegar a um acordo. Nesse caso, observamos a postura de barganha que vimos no primeiro capítulo, aquela que equilibra ganhos e relacionamentos, mas de forma insatisfatória, para se conseguir ganhos mútuos na negociação.

A Figura 9 torna-se simplória quando a negociação atinge um maior grau de complexidade, isto é, quando há mais interesses envolvidos. Porém, continua didática para o entendimento do conceito de ZOPA e ponto de recuo. Em uma negociação complexa, essa figura teria quantas dimensões fossem os interesses envolvidos, o que não dá para representarmos no papel, mas podemos imaginar.

É fácil entender o que é área de barganha ou ZOPA e ponto de recuo quando se fala em valores financeiros. Porém, e os outros aspectos envolvidos na negociação? Se ela for um acordo comercial: prazo de entrega e pagamento, qualidade, reputação da empresa, local de prestação de serviço e outros interesses podem fazer parte do acordo. Em uma negociação pessoal: bem-estar, harmonia familiar, impacto no futuro, também podem ser interesses. Nesses casos, a MACNA continuará auxiliando a decisão de aceitar ou não uma proposta. MACNA servirá como um parâmetro de comparação. A proposta que for mais conveniente que a MACNA, pode ser aceita. Da mesma forma que a proposta que for considerada pior que a MACNA deve ser rejeitada.

O entendimento do ponto de recuo como um parâmetro holístico e flexível, que determina não somente um valor mínimo de preço para o acordo, permite o fim da barganha posicional e, assim, uma discussão de criação de valor para o acordo.

1.1.4 Matriz de Concessões

> "Nem sempre o presente mais caro é o que causa maior impacto."
>
> Autor desconhecido

Saber conceder e obter concessões é uma habilidade muito importante em um negociador. E agora que já sabemos os interesses de ambas as partes da negociação, é o momento de planejar as concessões.

Mesmo nas negociações "ganha-ganha", sempre temos de ceder algo. As trocas são inerentes a qualquer negociação. Dessa forma, para encontrar o melhor caminho, será necessário ceder, também. Negociar é trocar interesses.

Como, então, aproveitar o melhor dessas trocas e tornar a negociação integrativa, aumentando o ganho de ambas as partes durante a mesa de discussões?

Procure concessões que representem baixo esforço para você, porém que possuam alto valor percebido para a contraparte e também aquelas que trazem uma grande vantagem para você, apesar de pouco esforço para a contraparte. As diferenças entre os interesses e os níveis de prioridade para cada negociador pode possibilitar uma negociação de ganhos mútuos.

A decisão entre qual moeda de troca em cada situação deve levar em conta tanto suas prioridades de ganhos na negociação como o relacionamento em longo prazo com as partes envolvidas.

As concessões que oferecerá terão diferentes níveis de importância na percepção da contraparte. Ao mesmo tempo, terão diferentes níveis de esforço para você. Por esse motivo, após quantificar seus esforços para cada concessão, isto é, mensurar custos, se possível, ou desgastes gerados para atender o interesse da contraparte, devemos também qualificar essas concessões.

A Figura 10, auxilia na obtenção da melhor relação custo (para você) e benefício (para o outro) no gerenciamento das concessões.

Figura 10: Matriz de concessões

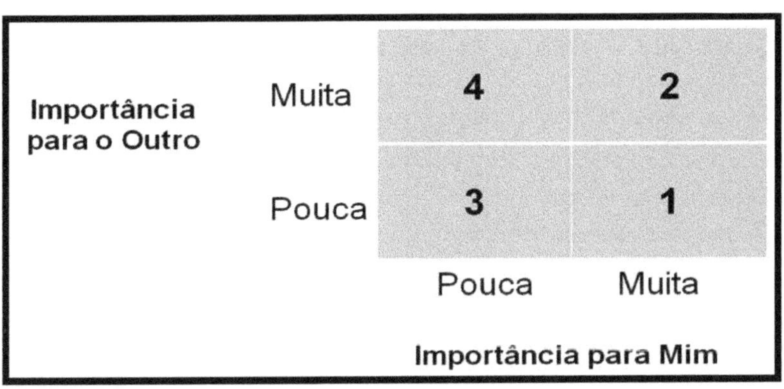

Quadrante 1 – Muita importância para mim e pouca para a outra parte:

Esta é a pior forma de fazer concessões, pois o valor percebido pela outra parte é inferior ao esforço desprendido na concessão. Minha dica é: descarte esse tipo de concessão!

Quadrante 2 – Muita importância para mim e para a outra parte:

Embora esta situação não seja tão nociva quanto a anterior, ainda não é confortável para o negociador. O valor percebido é semelhante ao custo da concessão.

Imagine que está vendendo sua casa por R$ 1 milhão. O comprador pede R$ 100 mil de desconto. É uma concessão de muito esforço para você e de alta percepção para o comprador. Os mesmos R$100 mil que sairão do seu bolso, entrarão no bolso do comprador. É uma concessão que somente troca valores de mãos, não agrega nenhum valor. É considerada, assim, uma concessão distributiva, distribui valores já existentes entre as partes.

Quadrante 3 – Pouca importância para mim e para a outra parte:

Esta situação tem grande utilidade no aspecto emocional da negociação. Demonstra gestos de cooperação e parceria entre as partes. É muito semelhante à situação anterior em termos de ser uma concessão distributiva. Se der R$ 10 mil de desconto, o mesmo valor que sairá do seu bolso, entrará no bolso do comprador. Os valores envolvidos são menores, mas também não agrega valor à negociação.

Quadrante 4 – Pouca importância para mim e muita para a outra parte:

Este é o grande diferencial do bom negociador. A maior dificuldade para encontrar este tipo de relação é o entendimento da realidade e das necessidades dos outros.

Na mesma situação de compra e venda de uma casa, ao invés de dar desconto, você pode buscar formas de agregar valor à negociação, sem interferir nos seus interesses. Por exemplo, caso o comprador more de aluguel e, ao invés de entregar a casa em 3 meses, entregue na semana seguinte, ele deixará de pagar 3 meses de aluguel. Caso a casa possua aparelhos de ar condicionado em todos os cômodos e o local para onde você vai também já tenha aparelhos, você pode deixar para o novo morador. Além de facilitar o acordo, talvez você até reduza seus gastos não tendo que pagar frete e pagar alguém para retirar os aparelhos e fechar a parede antes da mudança.

Esta concessão é chamada integrativa, pois agrega valor ao negócio. É o melhor tipo de concessão que podemos buscar em uma negociação.

Devem ser feitas duas matrizes como essa, como na Figura 11: a primeira com o que pode ser concedido e a segunda com o que pode ser pedido como contrapartida. Sempre que for conceder algo, o negociador deve receber algo em troca. Estas duas matrizes ajudarão a mensurar as moedas de troca.

Figura 11: Concessões cedidas e recebidas

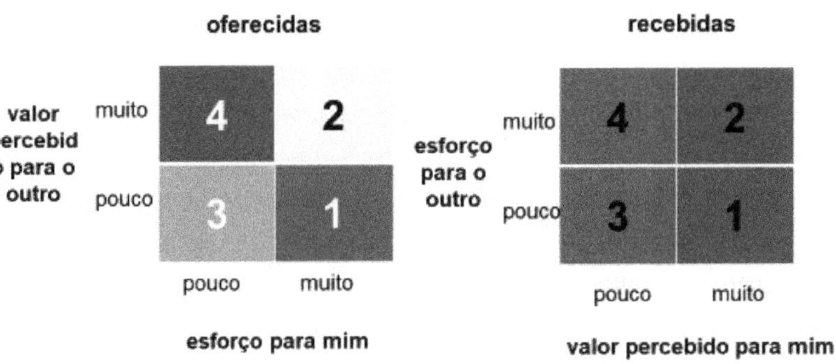

Normalmente, quando avaliamos as concessões que recebemos, só percebemos o nosso valor recebido, isto é, se são boas ou não, se agregam muito ou pouco valor para nossa vida ou nosso negócio. Vale, no planejamento, avaliar o nível de esforço que cada concessão pode ter para a contraparte. Assim, será possível definir o que deve ser pedido em troca de cada concessão a ser cedida.

Por exemplo, se a contraparte pede algo que para ela é importante, como os quadrantes 2 ou 4 da matriz de concessões a serem oferecidas por você, é o momento onde ela valoriza o que está recebendo, então estará disposta a abrir mão de algo que lhe exija um esforço maior, como os quadrantes 2 e 4 da matriz das concessões recebidas. Caso, neste momento, você peça algo que esteja no quadrante 1 das concessões recebidas, a contraparte aceitará facilmente, mas talvez perca oportunidade de pedir algo que exija maior esforço da contraparte.

Já, se a contraparte pede algo do quadrante 4 da matriz de concessões oferecidas, o seu esforço de execução é baixo, porém sabe que para a contraparte aquela concessão é importante. Neste caso, pode pedir algo dos quadrantes 1 ou 2 da matriz das concessões recebidas. Se pedir do quadrante 1, estará gerando valor, com pouco esforço da contraparte, em uma concessão integrativa. Entretanto, pode ser que ainda tenha pedidos do quadrante 2 e queira aproveitar a oportunidade de percepção de valor no que está cedendo para pedir algo que custa para a contraparte. A tomada de decisão será baseada na sua lista de necessidades, com as devidas prioridades e o nível de relacionamento que quer manter com a contraparte.

Isto é, com o planejamento de concessões poderá pensar estrategicamente nas suas moedas de troca.

Certa vez, eu queria alugar um apartamento, mas ele precisava de algumas obras simples antes de ser alugado. Eu estava em um período muito agitado em termos de trabalho e com pouco tempo para gerir uma obra. Por acaso, conversando com um amigo, soube que ele gostaria de alugar um apartamento semelhante ao meu, não estava encontrando nada que o agradasse e ainda tinha certa urgência na mudança. Mostrei o apartamento e ele gostou bastante. Eu conhecia o perfil metódico desse amigo e, sendo assim, propus que ele gerenciasse a obra para que acabasse o quanto antes e ele ainda teria a oportunidade de, além das pequenas reformas que eu faria, fazer mais algumas melhorias que lhe deixaria mais confortável. O fato de conhecer o perfil de pessoa ajudou muito na forma de argumentar para que as vantagens se tornassem mais atraentes para a contraparte.

Quando avaliamos a matriz de concessão, tanto as oferecidas quanto as recebidas, devemos nos colocar no lugar da outra parte e entender as necessidades no ponto de vista delas. No caso acima, o que seria um grande esforço para mim (gerenciar uma obra), foi visto como grande vantagem para a contraparte.

Outro exemplo interessante foi quando fui chamada para assumir um projeto de atualização de um *software* de controle de uma linha de produção. O projeto era para durar quatro meses, já se passavam nove meses e nada tinha sido implantado quando assumi. Na empresa havia apenas um operador que conhecia e controlava o *software* antigo. Ele era uma peça chave na execução do projeto porque era a principal fonte de informações. Porém, por ser um funcionário antigo que se acomodou em seu cargo, ele não tinha muita qualificação, além do profundo conhecimento da operação em vigor e, por isso, tinha muito medo de perder o emprego. De principal informante, ele se tornou o principal bloqueador do projeto, gerando vários conflitos que impediam o andamento do trabalho. A solução veio do mapeamento do perfil desse funcionário e do entendimento de suas necessidades. Ao invés de afastá-lo do projeto, a solução foi trazê-lo para bem perto! Junto com o gerente da linha de produção, demos responsabilidades nas atividades do projeto e mais informações sobre o que estava acontecendo durante as mudanças. Também por causa do medo de perder o emprego, ele passou a integrar o time e se esforçar para que o projeto acontecesse. Ficou feliz por ter sido envolvido e treinado para a utilização da nova versão do *software*.

1.1.5 Quadro de Planejamento

A Tabela 3 a seguir sugere alguns dados fundamentais que o negociador necessita ter no início da interação. Ela é uma sugestão de tópicos que poderá utilizar em um planejamento para uma negociação. Você pode criar a sua de acordo com suas necessidades.

É verdade que, em algumas negociações, não temos tempo para um bom planejamento. Muitas vezes, apenas parar alguns minutos e pensar no assunto já ajudará bastante. Mesmo que não sinta a necessidade de escrever seu planejamento, o modelo mental de tópicos necessários para uma boa análise já será de grande valia.

Quanto mais experiência você possuir no ambiente onde irá negociar, mas fácil ficará seu planejamento, pois muitas situações se repetirão e virarão experiências e você identificará mais facilmente as fontes de informação.

Como preencher?

Cenário: Antes de interagir, existe a incerteza do cenário da negociação. Por exemplo, você trabalha em um banco. Quando um cliente te procura para realizar um investimento, você não sabe o perfil desse cliente, sendo assim, pode planejar vários cenários: um cliente com perfil arrojado ou com perfil conservador, um cliente que já investe ou que nunca investiu etc. Cada combinação desses fatores, pode ser considerado um perfil. Os argumentos e propostas serão diferentes para cada um dos casos. Outro exemplo: sua empresa possui um cliente que diminuiu drasticamente seu volume de compras mensais no último trimestre. Ao agendar uma reunião com esse cliente, você pode se preparar para cenários diferentes: ele possui outro fornecedor, ele está com problemas financeiros, ele teve algum problema com o vendedor de sua empresa, o mercado mudou etc. Para cada cenário, a negociação será conduzida de forma diferente. Como ainda não sabe a realidade da contraparte, pode estimar cenários e estar mais preparado evitando imprevistos durante a interação.

A tabela sugere dois cenários. Você poderá estimar quantos lhe forem convenientes!

Interesses: Esses podem ser comuns às duas partes, isto é, os dois querem o mesmo. Ou opostos, onde haverá disputas.

Concessões: Aqui, há duas colunas, as que você irá propor e as que poderá pedir ao outro.

Argumentos: Os que você irá utilizar para validar suas propostas e pedidos. E os argumentos que a contraparte poderá utilizar durante a negociação.

Perfil: Aqui poderá escrever tudo o que sabe sobre a contraparte e ainda se confia ou não nela.

MACNA: Melhor alternativa em caso de não acordo, o que definirá os limites e os níveis de poder da negociação.

Fontes de poder: O que afere poder a cada uma das partes? Pode aqui pensar como aumentar suas fontes de poder e como neutralizar as da contraparte.

É recomendado que essa análise seja feita em grupo com a sua equipe, assim terá mais informações e o planejamento será ainda mais rico.

Tabela 3: Quadro de planejamento

		INTERESSES	
		Meus	Do outro
Cenário 1	Comuns		
	Opostos		
	Concessões		
	Argumentos		
Cenário 2	Comuns		
	Opostos		
	Concessões		
	Argumentos		
Perfil			
MACNA			
Fonte de Poder			

2. Interação

A Interação é a fase que, leigamente, é reconhecida como todo processo negocial. É a fase onde as partes interagem para chegar ao acordo ou não.

A interação, mais bem percebida pela sua segmentação em estágios, permite ao negociador canalizar energias de intensidade e natureza adequadas em cada momento. A organização das possíveis ações táticas permite facilitar a identificação das divergências e buscar espaços para convergências, poupando desgastes desnecessários.

Reforçando que a interação é apenas um PEDAÇO do processo negocial e para facilitar a memorização de cada um dos estágios, lembre-se que pedaço em inglês é ***PIECE***.

P – Preliminar: criar um clima positivo para a negociação, firmar valores de como vai tratar os demais e como quer ser tratado e definir a natureza, parâmetros e escopo do negócio;

I – Interesses: confirmar os interesses identificados no planejamento como necessidades da outra parte e expor seus interesses na negociação;

E – Exposição: a partir dos interesses identificados no planejamento, é o momento de exposição das propostas;

C – Concessões: encontrar e testar os valores alternativos, ceder e obter concessões de maneira a transformar o acordo possível e vantajoso para ambas as partes;

E – Encerramento: confirmar o entendimento entre as partes, estruturar o acordo, formalizar e planejar as ações necessárias para garantir que o compromisso seja cumprido.

2.1 Preliminar

Segundo Fisher et al. (2005), o melhor momento para lidar com as questões emocionais da negociação é antes que elas apareçam. A preliminar é um excelente momento para criar uma relação de trabalho que permita proteger ambos os lados contra as instabilidades emocionais que ocorrerão nos momentos dos impasses. A confiança diminui a tensão interpessoal e faz com que a contraparte fique mais à vontade e revele mais informações sobre suas necessidades, desejos, objetivos e metas pessoais (Moine e Herd, 1988).

Quanto mais discordar de alguém, mais importante será a preliminar. Uma boa relação de trabalho é aquela que suporta bem as diferenças e não depende de concessões ou omissão de divergências (Fisher et al., 2005).

Algumas dicas:

- Não se atrasar;
- Estar com apresentação pessoal adequada para a situação, porém confortável;
- Não se irritar com o atraso da outra parte;
- Estar emocionalmente controlado e concentrado na tarefa;
- Cumprimentar as pessoas ao chegar;
- Criar um clima cordial e positivo para a negociação;
- Procurar começar na hora marcada;
- Reduzir a tensão. Demonstrar interesse pela outra parte e não criticar;
- Não se precipitar na formação de opiniões e impressões.

Lembre-se que o objetivo principal da preliminar é criar empatia, para isso busque assuntos positivos, verdadeiros e que não tenham relação com o assunto a ser negociado.

Elogios são sempre positivos, porém desde que sejam verdadeiros. Sua comunicação não verbal pode denunciar um elogio falso. Caso isso aconteça, ao invés de criar empatia, você conseguirá a desconfiança da contraparte (desnecessariamente!). Saber um pouco da história da contraparte pode ajudar a evitar gafes. Já ouvi muitos falarem que se deve entrar na sala da pessoa e buscar objetos que possam ser comentados... Cuidado! Ver uma foto de um senhor com uma jovem e comentar: "Que filha linda!", pode gerar uma situação desagradável caso a jovem não seja a filha. Faça seu exercício de casa antes da interação! Não improvise!

Chegar ao encontro contando histórias ruins também não é a melhor ideia. "Olha, me desculpa... Cheguei atrasado porque peguei um temporal horrível no caminho... Tive que parar o carro e o nível de água na rua só subia... Fiquei muito assustado..." Vou até parar por aqui! Só de ouvir, a contraparte vai imaginar a cena, vai lembrar de algo semelhante e ruim que tenha vivido e vai associar a sua imagem àquela sensação de angústia que está trazendo. Isso não é nada bom.

Entretanto, caso na sala da contraparte haja uma estante cheia de troféus e você pergunte: "Qual troféu mais gostou de ter ganho?". É possível que a contraparte pegue o troféu, conte a história, relembrando emoções positivas e olhando para você. Haverá uma grande tendência de ligar a sua imagem com aquela emoção positiva relembrada. Uma excelente forma de criar empatia! Por isso, busque histórias positivas para esse início de encontro!

Além de um momento de criação de empatia e de relacionamento de trabalho com a contraparte, a preliminar é uma oportunidade de conhecer os padrões de comunicação da contraparte para, durante a negociação, te permitir identificar os momentos de estresse, que serão sinalizados por mudanças nesse padrão inicial mapeado. É neste momento que fazemos a calibragem da comunicação não verbal da outra parte. Por isso, deve-se evitar entrar logo no assunto da negociação. Quando falamos de assuntos agradáveis, podemos mapear o padrão de comportamento da contraparte em um momento relaxado. E assim, durante a negociação, podemos perceber a mudança de padrão da comunicação não verbal quando entramos em algum assunto delicado.

2.2 Interesses

Durante o planejamento, identificamos os nossos interesses e exploramos ao máximo os possíveis interesses da outra parte. Isso não quer dizer que devemos oferecer tudo o que *achamos* que a contraparte quer. Devemos filtrar e identificar quais são seus reais e principais interesses.

Como fazer isso? Aprenda a fazer perguntas, mesmo quando acredita que sabe as respostas. Fale menos e ouça mais.

O objetivo desta etapa é:

- Perguntar o interesse da outra parte;
- Tomar notas e sumarizar para organizar perguntas;
- Certificar-se do grau de necessidade da outra parte;
- Declarar sua posição de maneira clara, direta e sucinta;
- Certificar-se que a outra parte entendeu claramente seus objetivos;
- Buscar identificar o interesse comum entre as partes e as necessidades;

- Testar seu entendimento e os pesos dos valores (A ou B é mais importante para sua organização);
- Informar suas necessidades mais importantes;
- Resumir as descobertas e concordâncias;
- Aprovar os procedimentos a serem seguidos conforme a pauta previamente enviada;
- Articular uma imagem de um resultado ideal para a negociação, destacando os benefícios mútuos decorrentes de seu atingimento;
- Focar inicialmente nos pontos comuns;
- Não presumir que o que é importante para você também é importante para os outros;

Certa vez, estava negociando um contrato de fornecimento e tinha o prazo como principal preocupação. Em uma certa altura da negociação, comentei com o fornecedor que as condições comerciais deveriam ser revistas. Na mesma hora o fornecedor me ofereceu um bom desconto. Não era minha intenção inicial, o preço já estava satisfatório e abaixo do principal concorrente. Mas confesso que não recusei! Além da garantia de entrega no meu prazo, ainda ganhei um belo desconto!

Antes de sair oferecendo concessões, pergunte!

Comece com as perguntas mais abertas para entender a visão da contraparte, depois entre nas questões específicas. No planejamento, determinamos alguns cenários para a negociação, cada cenário poderá ter diferentes interesses da contraparte envolvidos. Se conseguir identificar em qual cenário a negociação se encaixa, poderá eliminar vários interesses que foram estimados da contraparte.

Pergunte também os níveis de importância de cada interesse. "O que é mais importante para você, interesse A ou interesse B?" ou" Caso tivesse que escolher entre alternativas A e B, o que te deixaria mais confortável?"

A etapa de Interesses é também momento de falar dos seus interesses de forma objetiva. Deixar claro o que pretende ao final do acordo. Isso facilitará a criação de ganhos mútuos. E também fortalecerá a criação de confiança. O estágio de interesses é uma troca de informações. Se você somente perguntar quais são os interesses da contraparte, gerará nela uma percepção de: "por que está tão interessado no meu bem-estar?". Por outro lado, se somente falar o que deseja, gerará a sensação de: "o que eu tenho a ver com isso?".

A alternância das informações reforçará a confiança criada na preliminar. E, com mais informações, as próximas etapas ficarão mais fáceis.

2.3 Exposição

Esse é o momento das primeiras propostas. A maioria das pessoas gosta de ouvir uma primeira proposta e, posteriormente, fazer uma contraproposta. Porém, negociadores experientes e com bastante conhecimento do ambiente/mercado da negociação fazem questão de fazer a primeira proposta. Isso porque a primeira proposta pode ser o momento de fazer uma boa ancoragem!

Mas o que é uma ancoragem?

Ancoragem é quando a primeira proposta de um negociador cria na contraparte uma percepção de valor justo para o acordo. Por exemplo, você vai comprar um computador, quando vê o preço do modelo que quer em uma primeira loja, você identifica aquele preço como uma referência. Caso veja em uma segunda loja o mesmo modelo com um preço um pouco menor, talvez nem procure a terceira loja, pois já terá a percepção que comprou com um bom valor. Outro exemplo é quando recebe um encarte com um valor original riscado e o valor atual em destaque. Sua referência de valor justo é o valor riscado, então a chance de compra é maior.

A Figura 12 a seguir mostra cinco diferentes cenários com diferentes possíveis resultados de uma ancoragem.

Figura 12: Ancoragem

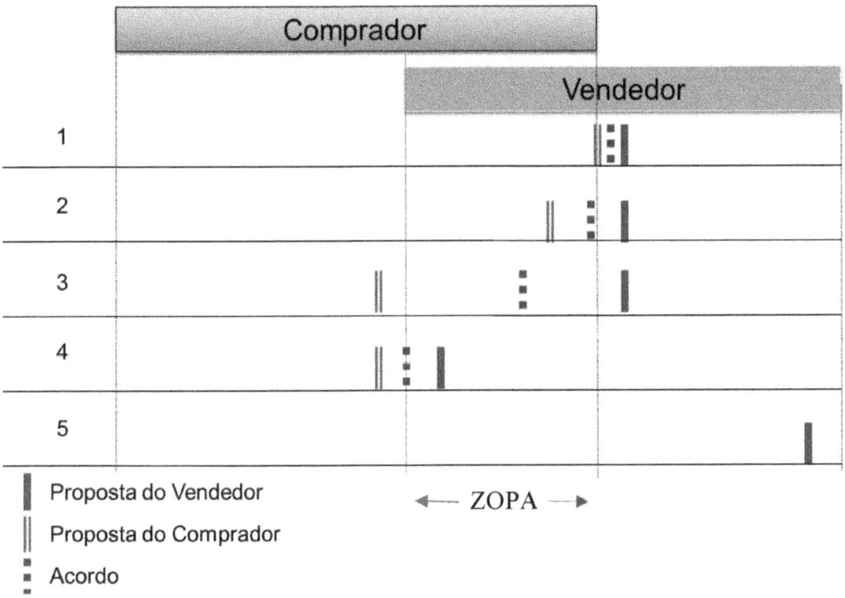

Coloque-se no lugar do vendedor. Você consegue claramente determinar qual seu ponto de recuo na negociação definindo a sua MACNA. Sendo assim, na extremidade esquerda do limite de concessão do vendedor está representado o seu limite mínimo, ou seja, seu MACNA. Qualquer proposta da contraparte inferior a esse valor não deverá ser considerada.

Você poderá estimar o ponto de recuo do comprador, também estimando a MACNA da contraparte. Analise o mercado, seus concorrentes e estime as possibilidades da contraparte. Quanto mais conhecer do mercado, melhor será sua estimativa. Porém, não se cobre por uma estimativa perfeita, é apenas uma estimativa. Você já estará bem à frente de negociadores que não planejam uma negociação. O ponto de recuo do comprador está representado pela linha na extremidade direita da faixa de acordo do comprador.

As linhas dos pontos de recuo do vendedor e do comprador determinarão a zona de possível acordo (ZOPA), como já vimos anteriormente.

Como vendedor (no caso do exemplo, mas o comprador também pode ancorar), você fará a primeira proposta. A linha contínua é a sua proposta, a linha dupla é a primeira proposta do comprador e a linha pontilhada é o acordo final. Sempre feitos nessa ordem.

Cenário 1:

Observe apenas a primeira linha da figura. Você fez a primeira proposta (linha contínua).

Neste cenário, você está negociando com um negociador inexperiente e ingênuo. Logo que faz a primeira proposta ele responde dizendo seu real limite máximo, representada pela linha dupla.

Estatisticamente, as negociações encerram com um acordo em um ponto médio entre as duas primeiras propostas das partes. Neste caso, em média, o acordo encerrará em um valor intermediário entre sua proposta e a do comprador, representado pela linha pontilhada.

Cenário 2:

Observe a linha 2 do esquema. Neste caso, você está negociando com uma contraparte que não é ingênua, entretanto ela não se preocupa com o planejamento e não conhece o mercado. Quando você faz sua proposta ancorando (linha contínua), a contraparte faz sua proposta com um valor um pouco menor que seu limite real (linha dupla). Ela até diz que seu valor máximo é aquele, mas não revela o seu ponto de recuo. Cada um cede um pouco e, estatisticamente, a negociação encerrará no valor intermediário entre esses dois pontos (regra do ponto médio novamente).

Cenário 3:

Observe a linha 3 do esquema. Neste caso, você está negociando com uma contraparte que entende de negociação e se planeja para uma. Neste caso, o comprador também estima seus limites e quando você faz uma ancoragem, ele reage da mesma forma, ancorando! Da mesma forma, é muito provável que o resultado do acordo seja um valor médio entre essas duas primeiras propostas.

Cenário 4:

Observe a linha 4 do esquema. Neste caso, independente de com quem você está negociando, você não fez o seu dever de casa! Ao invés de buscar informações do mercado, você observou apenas as suas necessidades.

E pasmem... Isso é o que muitas pessoas fazem. Ao invés de estimar o MACNA da contraparte, a primeira proposta foi calculada da seguinte forma: o vendedor tem um custo e uma margem de lucro aplicada. Isso definiu o seu valor mínimo, linha na extremidade esquerda da figura do vendedor. E, para ser "esperto", ele coloca uma gordurinha, fazendo assim sua "ancoragem". Entre parêntesis porque é uma maneira errada de se estimar a primeira proposta e ele ainda acha que está fazendo um grande negócio...

Observe onde o acordo é celebrado após uma contraproposta do comprador e compare com os cenários anteriores.

Cenário 5:

Observe a linha 5 do esquema. Aqui também não há um bom planejamento. Ainda por cima, há uma supervalorização do objeto da negociação por parte do vendedor. Observe que a primeira proposta do vendedor é tão longe da realidade do comprador que nem haverá contraproposta.

Compare os resultados dos cinco cenários. É fácil perceber as vantagens da ancoragem, não é mesmo?

ATENÇÃO: Para fazer uma ancoragem segura é preciso que conheça bem o mercado e, principalmente, estime o MACNA da contraparte. Assim, poderá oferecer um valor que não esteja tão longe da realidade da contraparte e inviabilize a negociação. A primeira proposta deve ser um valor um pouco acima da expectativa da contraparte, gerando assim uma percepção de possibilidade de negociação.

Novamente, o planejamento se mostra fundamental para uma boa interação!

IMPORTANTE: A ancoragem pode ser feita com qualquer tipo de interesse, não só o valor. Por exemplo, você quer um relatório de um membro de sua equipe em até 10 dias. Sabe que o prazo já é apertado e que o funcionário vai pedir mais tempo. Você pode pedir o documento para 7 dias e quando o funcionário disser que o prazo está apertado, você "concede" mais 3 dias, chegando aos 10 que deseja realmente. Ele vai ter a sensação de ganho de tempo!

2.4 Concessões

Essa é a parte mais tensa da negociação. Chega a ser até o que muitos chamam de negociação.

Aqui haverá as trocas de concessões. Para isso, é importante ter em mente o seu planejamento das concessões, incluindo as suas necessidades e prioridades e o que identificou como necessidades e prioridades da contraparte. Sem falar que pode ser feita uma revisão das suas matrizes de concessões, agora que já passou pela etapa de confirmação dos interesses e já conhece melhor a contraparte.

Se precisar, volte no Capítulo 1, nas definições de negociação baseada em princípios, e reveja como criar opções de valor durante a interação.

O objetivo desta etapa é:

- Propor soluções alternativas às necessidades e buscar metas realistas;
- Evitar concessões unilaterais;
- Não dar parecer sobre a proposta até que toda a proposta da outra parte esteja formulada;
- Relacionar os itens a negociar e os objetivos a serem alcançados;
- Comparar exaustivamente o especificado com o proposto;
- Evitar grandes concessões;
- Ao rebater as propostas, apresentar contraoferta baseada nos pontos prioritários da outra parte (se nós aceitarmos isso, vocês aceitariam...);
- Abrir mão de suas prioridades menos importantes para buscar o meio-termo do acordo e não para trocar gentilezas;
- Não menosprezar o outro lado;
- As objeções e dúvidas representam interesse – assuma a posição de ouvinte empático;
- Esteja preparado para responder às objeções com argumentos e informações – "É um ponto de vista, gostaria de acrescentar...".

Uma outra dica importante para esse momento das concessões é tratar o acordo final como todo, não em partes. Assim, será possível criar um equilíbrio entre todos os interesses envolvidos. Quando se discute e fecha cada ponto separadamente, vai engessando a negociação e diminuindo a possibilidade de acordos.

Por exemplo, um contrato de prestação de serviço possui alguns interesses envolvidos: prazo, valor, nível de qualidade, escopo, equipe envolvida etc. Caso você esteja contratando o serviço e exija do fornecedor um determinado escopo, com um determinado nível de qualidade, com o prazo máximo fixado e apertado, tudo já muito bem definido e acordado, no momento que for discutir o preço, o fornecedor não terá muita manobra para redução do valor. No entanto, caso deixe flexível a data de entrega e algumas partes do escopo, vocês poderão discutir cenários de acordos diferentes. Por exemplo, um acordo com redução de valor e prazo alongado ou redução de uma parte do escopo; ou ainda, um acordo com o preço inicial, porém garantia de prazo, escopo e qualidade máxima.

2.4.1 Padrões de Concessões

Cada negociador pode ter um padrão de oferta de concessões. Isto é, pode ter uma maneira específica de conduzir suas concessões. Escolher o seu padrão e conhecer o da outra parte pode trazer grandes vantagens na negociação, como descobrir o prazo do outro ou quando ele ainda pode conceder mais.

Vamos ver uma negociação didática. Suponha que o limite máximo de concessão para um negociador seja 100 e, durante uma negociação, este tenha cinco oportunidades de conceder algo. Todas as concessões são transformadas em valores, podendo representar prazos, escopo, qualidade, condições comerciais e outros.

Cada coluna da tabela abaixo representa uma negociação isolada. Em cada uma delas, o fornecedor responde com um padrão de concessões distinto aos cinco pedidos do cliente. Enquanto o primeiro concede tudo de uma vez, o segundo aguarda até o último momento para realizar uma concessão. Vamos analisar e discutir cada um deles:

Tabela 4: Padrões de Concessões

Concessões	Padrões de Concessões					
	1	2	3	4	5	6
1ª	100	0	5	20	35	5
2ª	0	0	10	20	30	25
3ª	0	0	20	20	20	50
4ª	0	0	30	20	10	15
5ª	0	100	35	20	5	5
Total	100	100	100	100	100	100

Fonte: Wanderley (1998)

Analisando o quadro acima, proposto por Wanderley (1998):

Padrão 1: Este negociador não luta pelo desejável e logo concede seu limite. Além de perder oportunidade de conceder menos, provoca na outra parte um desejo de querer mais ainda. É possível que o cliente insista nos pedidos de concessões e, como não há mais o que ceder, talvez o cliente desista do negócio.

No entanto, não há padrão certo ou errado. No caso de uma negociação frequente entre cliente e fornecedor, espera-se que as propostas sejam mais objetivas e que a primeira proposta seja a melhor proposta.

Padrão 2: Caracteriza o negociador que somente concede quando está chegando ao seu prazo limite. Pode encorajar a outra parte a desistir da negociação, pois nada é concedido no início da relação.

Esta concessão ao final da negociação pode sinalizar um desespero do fornecedor para fechar o acordo. Ao invés de sinalizar o final das concessões, sinaliza o esgotamento do prazo do fornecedor.

Caso esse padrão seja escolhido para a negociação, esta concessão tardia e súbita deve ter uma boa justificativa para não gerar na outra parte uma sensação de perda de tempo ou até mesmo de falta de confiança no fornecedor.

Padrão 3: O negociador concede, cada vez mais, valores maiores. Isto pode encorajar a outra parte a querer mais, pois aumenta suas expectativas.

Parece impossível um negociador ter uma postura como essa de, a cada pedido, além de conceder, conceder um montante maior. Lembre-se que, nesta negociação didática, estamos quantificando todas as concessões. Nem todas as concessões são descontos! Imagine que em uma negociação de um insumo no valor de R$ 1.000,00, no primeiro pedido, o fornecedor concede 0,5% de desconto e, em seguida, permite o pagamento em 90 dias. A concessão de prazo de pagamento, levando em consideração a taxa de juros e inflação vigente, pode ser uma concessão de maior magnitude que o desconto anterior e estimular o cliente a fazer novos pedidos de benefícios. Essa postura do fornecedor pode encorajar o cliente a novos pedidos e a negociação irá alongar-se.

Padrão 4: Embora não seja tão negativo quanto o anterior, provoca na outra parte a sensação que, sempre que insistir, conseguirá uma concessão de igual amplitude. Novamente, o cliente se sentirá estimulado à novos pedidos e o prazo se estenderá.

Padrão 5: O negociador deixa claro quando está chegando ao seu limite e as concessões são cada vez menores. Importante ressaltar que o limite do fornecedor é o poder de conceder, não o prazo da negociação. Sendo assim ele desestimula novos pedidos do cliente.

Padrão 6: A resistência inicial ajuda a testar a persistência da outra parte. As concessões finais indicam quando o negociador está chegando ao seu limite.

Com esse padrão, alguns acordos são firmados logo no primeiro momento, quando o cliente já se sente confortável por ter conseguido algum benefício, mesmo que pequeno.

Muitas negociações também são encerradas no 2º ou 3º momento, quando o cliente se sente satisfeito com as grandes concessões feitas "para fechar negócio".

Poucos clientes continuam insistindo em concessões. Mas quando o fazem, percebem que o esforço está aumentando enquanto a magnitude das concessões diminui. Essa condição desestimula novos pedidos e a negociação se encerra.

A escolha do padrão de concessão a ser utilizado deve levar em consideração o perfil das partes envolvidas e o mercado onde a negociação está inserida. Não existe certo nem errado, o importante é identificar o padrão das pessoas com quem negocia frequentemente e, quando possível, alternar seu padrão para que o outro não perceba seus limites de prazos e de concessões.

No exemplo, foi utilizada uma relação de compra e venda, porém os padrões de concessões podem ser observados em qualquer tipo de negociação.

2.5 Encerramento

O objetivo desta etapa é alinhar o entendimento entre as partes.

Caso seja um acordo formal, é o momento de assinar o contrato. Porém, em uma negociação informal também é importante verificar se houve o mesmo entendimento de ambas as partes. Para isso é recomendado:

- Resumir e reformular a proposta da outra parte para confirmar seu entendimento;
- Repassar as principais cláusulas contratuais ou acordadas para confirmar o entendimento;
- Checar ambiguidades que levem a mal-entendido;
- Consolidar as decisões em documento apropriado;
- Estabelecer forma segura de monitorar o cumprimento do acordo (como controlar prazos, custos, condições, responsáveis etc.);
- Expressar agradecimento aos negociadores por seu tempo e cortesia;
- Concluir de maneira formal e cortês.

Mesmo que seja uma negociação informal, pergunte, ao final da reunião, quais são os próximos passos esperados de cada uma das partes, por exemplo. Isso reduzirá a chance de conflitos futuros. No caso de uma reunião de trabalho, sem necessidade de assinatura de contrato, mas com certa formalidade, redija a ata de reunião imediatamente, mesmo que em forma de rascunho, faça uma leitura ao final do encontro. Essa dica é válida pois, caso haja uma falta de entendimento, haverá no mínimo uma perda de tempo das partes para reunir novamente. Podendo também haver desconforto e insatisfação. Sem falar que algumas pessoas fingem que não lembram do acordado para ganhar tempo e se preparar melhor para uma segunda rodada.

Agora que vimos as cinco etapas da interação ***PIECE***, vamos refletir: essas etapas da interação precisam ser feitas na ordem apresentada, Preliminar, Interesses, Exposição, Concessões e Encerramento?

A resposta é: claro que sim! A preliminar é fundamental para criar confiança entre as partes e assim haver um melhor mapeamento dos interesses. A identificação dos reais interesses é fundamental para uma boa exposição de proposta inicial. Sem uma proposta inicial plausível, a troca de concessões fica mais difícil ou até mesmo inviável. Sem uma boa troca de concessões o acordo não será encerrado.

O que pode, e normalmente acontece, é que a negociação não ocorra em um único encontro. Sendo assim, cada interação de uma negociação deve começar pala preliminar e ir até onde for viável ou necessário.

Por exemplo, posso visitar um cliente somente para conhecê-lo e me apresentar. Farei somente a preliminar nessa primeira visita. Em uma segunda visita, posso ter uma conversa mais técnica. Nesse caso, a preliminar será mais curta e já vou poder conhecer os interesses da contraparte. Em uma terceira visita, posso fazer uma curta preliminar, confirmar os interesses identificados anteriormente e fazer uma proposta. As reuniões de concessões podem ser várias! Sempre seguindo o roteiro de começar com a preliminar e confirmar interesses. Isso até o momento do encerramento, em que o acordo será assinado com o entendimento entre as duas partes.

Todo esse processo pode demorar 2 minutos, dois dias, dois meses... Não importa o tempo, o que importa é o processo bem feito.

3. Controle

> "Não julgue seu dia pela colheita que você faz, mas sim pelas sementes que planta."
>
> Robert Louis Stevenson

A interação acabou. Já tenho um acordo. E agora?

Avalie como foi sua atuação como negociador. O autoconhecimento pode levar ao autocontrole e ao desenvolvimento como negociador. Segundo (Kahneman, 2012), é muito mais fácil e prazeroso identificar e classificar os erros de outras pessoas que os nossos próprios erros (por isso adoramos fofocas!). No entanto, para o desenvolvimento pessoal, é fundamental aprendermos a reconhecer e aprender com nossos próprios erros.

Seguem algumas dicas para ajudar no controle de sua negociação:

- Fazer o registro (relatório) da negociação;
- Comparar o previsto com o realizado na negociação;
- Analisar as concessões e suas consequências;
- Incluir notas e observações para a próxima reunião e arquivar;
- Avaliar-se como negociador e buscar pontos de melhoria para futuras negociações:
- Seu planejamento foi suficiente para a fase de interação?
- Suas percepções foram confirmadas?
- Seus objetivos e necessidades foram atendidos?
- Sua estratégia e táticas foram adequadas?
- Como foi o processo negocial?
- Soube controlar suas emoções?

Faz parte do controle a verificação se o acordo está sendo cumprido. Caso não esteja, avalie os motivos e prepare-se para uma nova negociação.

O controle, feito de forma sistemática, ajuda a construir os alicerces da credibilidade por meio da implementação dos acordos, assim como, quando feito de forma analítica, consolida o autodesenvolvimento permanente, graças ao aprendizado obtido pela reflexão após cada interação.

> "Você pode ter que lutar uma batalha mais de uma vez para ganha-la."
>
> Margaret Thatcher

Capítulo 3

Comunicação verbal e não verbal

"Temos que nos tornar na mudança que queremos ver."

Mahatma Gandhi

Neste capítulo, abordaremos os principais conceitos de base para melhorar sua comunicação ao negociar. Além disso, vamos verificar a necessidade do comportamento ético e da confiança para se ter uma negociação baseada em princípios. Também trataremos de consenso e relacionamentos, tensão e controle emocional.

Com certeza, você já passou por uma situação de negociar com uma pessoa com grandes diferenças culturais, com crenças e valores bem diferentes, não é mesmo? Criar o relacionamento com a outra parte, o conhecido *rapport*, não é buscar a concordância entre as opiniões. Segundo O'Connor (2007), é possível concordar com alguém que não temos *rapport*, ou, até mesmo, discordar de alguém com que temos *rapport*. O *rapport* advém de assumirmos a posição da outra parte e tentar compreende-la a partir do ponto de vista dela. Como dizem os americanos: colocar os sapatos do outro.

1. Negociação é comunicação

Negociação é um processo de comunicação com objetivo de chegar a um consenso. Por isso, não há negociação sem comunicação. Ou melhor, não há boa negociação sem uma comunicação eficiente.

Nos comunicamos por meio de palavras, posturas, gestos e expressões. Alguma mensagem é transmitida mesmo quando não dizemos nada e ficamos parados e o significado da comunicação é a reação obtida (O'Connor e Seymour, 1995). Isto é, *mais importante do que o que falamos, é a forma que a outra parte entende.*

Para que a comunicação se processe com efetividade temos que reconhecer as possíveis falhas que podem ocorrer durante o transcurso desse processo. As mais comuns são: o uso indevido das palavras, o medo, a pressuposição da compreensão da mensagem, a sobrecarga de informações, a falta de capacidade, de concentração e atenção e o não saber ouvir.

Fisher et al. (2005) aponta três barreiras para uma comunicação eficaz:

Achamos que não há necessidade de conversar

Talvez a explicação mais importante para a falta de comunicação num relacionamento seja o pressuposto generalizado de que não há motivo para discutir a questão. Isso pode ser levado pelos seguintes motivos:

- não ocorre conversar com o outro sobre o assunto;
- sua atenção está voltada para a questão em si;
- achava que sabia qual era a decisão correta;
- achava que sabia o que o outro lado diria;
- em última análise, achava que teria de tomar a decisão sozinho.

Comunicamos num só sentido: apenas "informamos" aos outros

Para ser eficaz, a comunicação precisa caminhar nos dois sentidos: transmissão e recepção. Ouvir é fundamental.

Algumas pessoas falam tanto que o outro lado desiste de ouvir. Parar de ouvir é uma maneira de adaptar-se a uma pessoa que fala muito. Para que ouvir? Não há intercâmbio. Construir um relacionamento com alguém assim é tão difícil quanto construir um relacionamento com um alto-falante.

Se ambos os parceiros falam, mas um ignora o outro, a comunicação continua se processando num só sentido.

Ao comunicarmos pela mera transmissão de nossas opiniões, eliminamos a chance de aprender o que não sabemos e, sem querer, dissuadimos o outro de contribuir para encontrar uma solução. Além disso, reduzimos seu compromisso com qualquer solução.

Enviamos mensagens desconexas

As palavras devem ser coerentes não só entre si, mas com as ações que as acompanham. As mensagens desconexas se destroem mutuamente e impedem o estabelecimento de uma comunicação eficaz. A pessoa que diz uma coisa da boca para fora, mas não age de acordo com o que afirma acreditar, não nos deixa à vontade. Certas pessoas conseguem ignorar uma ou outra mensagem, mas a maioria fica perturbada com o conflito: alguma coisa não soa bem.

O envio de mensagens desconexas é comum por três motivos: objetivos conflitantes, público variado e emoções conflitantes.

Objetivos Conflitantes – Como os interesses a curto e longo prazo normalmente divergem, uma mensagem explícita enviada para favorecer um grupo de interesses pode conter mensagens implícitas que entram em choque com o outro grupo. Os interesses a longo prazo são abafados pelos objetivos a curto prazo, que parecem – no momento – mais urgentes.

Público Variado – É comum as pessoas desejarem dizer coisas diferentes a públicos diferentes, por motivos perfeitamente legítimos. Para lidar sem problemas com cada um deles, devemos escolher as palavras com muito cuidado.

Emoções Conflitantes – A ansiedade ou o medo de contrariar o outro podem levar a pessoa a dar voltas em torno do assunto, evitando se comunicar com clareza, de uma maneira mais facilmente entendida. Essa abordagem indireta pode causar problemas.

As emoções desempenham um papel de maior importância na determinação, não só do que dizemos e de como dizemos, mas também do que ouvimos. Se estamos contrariados, zangados ou amedrontados, interpretamos as mensagens dos outros à luz de nosso estado emocional, vale lembrar do período de percepção refratária visto no capítulo 1.

Uma mensagem como: "Falarei com seu chefe amanhã", pode ser interpretada como uma ameaça. Ou um momento de silêncio pode parecer altamente suspeito. Até mesmo se o outro deixa de telefonar de volta, isso pode ser entendido como uma rejeição pessoal. E nem sempre essas interpretações são verdadeiras.

Quando a mensagem é feita somente por meio escrito, essa percepção distorcida tende a piorar. Isso porque o receptor coloca a entonação de acordo com seu estado emocional. Imagine a situação em uma conversa presencial a seguir.

Seu companheiro(a) lhe diz: "Amor, vamos à casa da mamãe?"

Você responde: "Vamos."

Ele(a): "Nossa! Com essa vontade toda? Você não quer ir!"

Você: "Como assim não quero ir? Eu disse que vamos!"

Ele(a): "Ah... Mas você não disse 'Vamos!', você disse 'Vamos...'"

Você: "Eu disse que vamos."

Ele(a): "Acho melhor não irmos."

Você: "Tudo bem, então não vamos."

Ele(a): "Eu sabia que você não queria ir!"

Se, pessoalmente, situações como essa podem acontecer, imagina quando a comunicação é feita só por texto... Sendo assim, fica a dica: em um momento de conflito, prefira o contato pessoal. Se não puder ser um encontro físico, que seja, no mínimo, por telefone!

Apenas 7% da forma como comunicamos nossas emoções é por meio de palavras, 38% é por meio de tom e ritmo de voz e 55% por meio de expressões corporais e faciais. Daí vem a importância do contato pessoal nas relações.

2. Persuasão

Muitos desconhecem a diferença entre convencer e persuadir. Muitos acham que persuadir é manipular, dando, assim, uma conotação negativa à palavra. A diferença entre convencer e persuadir é apenas o tipo de argumento utilizado.

Enquanto o convencimento é a utilização de argumentos lógicos, como dados e fatos, a persuasão é a utilização de argumentos emocionais.

Em uma certa altura, estava bem preocupada com meu pai. Ele estava sedentário e bem acima do peso. Chamei-o para uma conversa. Como eu tenho um perfil mais racional, normal de uma engenheira, vejo o mundo de maneira lógica e racional. Por isso, tenho muito mais facilidade em me expressar de maneira também racional. Sendo assim, meus primeiros argumentos foram dados do Ministério da Saúde.

"Pai, você sabia que as pessoas sedentárias têm uma probabilidade três vezes maior de desenvolver diabetes comparado com uma pessoa ativa? E que, por estar acima do peso, essa probabilidade pode chegar à cinco vezes mais? E os problemas cardíacos?! Onde essas probabilidades são ainda mais críticas.... Sem falar nos riscos de depressão, problemas de coluna etc."

Nada adiantou! Entrou por um ouvido e saiu pelo outro! Culpa dele? Claro que não! Culpa minha! O comunicador deve adaptar sua mensagem ao ouvinte. Eu sei que ele enxerga o mundo de maneira diferente. Dados e fatos não são tão relevantes para ele quanto os argumentos emocionais. O comunicador é o responsável pela forma como sua mensagem é transmitida e, por isso, deve adaptar os argumentos, o vocabulário, o meio de comunicação e etc., de acordo com o receptor. Não tem problema errar, é normal! O importante é reconhecer o erro e se adaptar ao outro. Sendo assim, nova tentativa...

"Pai, você me lembra muito meu avô! Não só fisicamente, mas o jeito, as atitudes, os valores... Meu avô faleceu quando eu tinha 15 anos e ainda assim me recordo muito dele. Uma atitude do meu avô me marcou bastante. Acompanhei durante cinco anos meu avô lutando pela vida dele em cima de uma cama por causa de um AVC. Hoje você tem uma qualidade de vida que meu avô não teve oportunidade de ter. Um diagnóstico precoce que meu avô não teve a oportunidade de ter. Eu espero que essa força para lutar pela vida você também tenha herdado do meu avô. E que você aproveite a oportunidade que tem de lutar pela sua vida enquanto ainda tem essa qualidade de vida."

Percebeu a diferença entre as duas abordagens? A primeira é o convencimento, onde argumento com dados e fatos. Na segunda, eu usei a persuasão.

Sempre que puder mesclar os dois tipos de argumento, sua argumentação será mais sólida e forte. E claro, dosando cada um deles de acordo com a contraparte.

Para atingir a emoção da contraparte é necessário entender as motivações e o estado de espírito do outro. Sendo assim, a melhor maneira de ser persuasivo é ter uma boa percepção da contraparte. Como forma de melhorar a percepção do negociador com relação aos sentimentos da outra parte, Fisher et al. (2005) indica algumas boas práticas:

- Ponha-se no lugar do outro;
- Não deduza as intenções do outro a partir de seus próprios medos;
- Não culpe o outro por seu problema;
- Discuta as percepções de cada um;
- Busque a oportunidade de agir de maneira contraditória às percepções do outro;
- Dê a ele um interesse no resultado, certificando-se de que ele participa do processo;
- Torne suas propostas compatíveis com os valores do outro.

Observe em que está pensando durante uma discussão. É possível que perceba que, enquanto o outro fala, você está pensando em como respondê-lo. Neste caso, você será incapaz de entender ou repetir o que a contraparte acabou de dizer. Sua percepção do outro será muito baixa ou quase nula. Sendo assim, escute de maneira genuína e perceba os sinais não verbais emitidos pelo outro.

É muito difícil ouvir o outro e não pensar em um contra-argumento, principalmente enquanto somos contrariados. Mas a verdade é que não conseguimos prestar atenção em duas coisas ao mesmo tempo. Tente ler um livro enquanto assiste ao noticiário... Uma das duas ações será deixada de lado. Por outro lado, se tentar focar e escutar o que o outro diz, mesmo que seu contra-argumento não seja de imediato, ele será muito mais efetivo.

Adapte sua comunicação à linguagem e estado emocional da contraparte. Um ótimo exemplo disso é citado por Moine e Herd (1988):

Você se lembra da última vez que esteve abatido, deprimido ou indisposto? Imagine alguém chegando até você e dizendo: "Anime-se! Hoje é um dia maravilhoso! Vamos!" Tenha uma atitude mental positiva!". Será que você se animaria? Ou será que pareceria irritante ou insensível?

Seria melhor se a pessoa dissesse: "Sabe, atualmente não tenho me sentido bem e não sei o porquê. Por isso, vivo cada dia com desânimo. Mesmo assim, consigo encontrar algumas coisas que gosto de fazer, como conversar com um amigo ou dar um passeio. Você gostaria de vir comigo e tomar um café?"

Outra maneira interessante de se tornar mais persuasivo é o uso de perguntas ou histórias nas argumentações. Quando o argumento de uma pessoa é negado, ela se fecha para a comunicação e cria uma barreira difícil de ser contornada.

Por exemplo, você discute com um amigo sobre a legalização de drogas. Ele é a favor e você contra. Se você falar diretamente para ele que, na sua visão, a legalização é uma insanidade, ele reagirá com igual intensidade, mas em sentido contrário. É... A terceira lei de Newton se aplica na comunicação!

> "Lei III: A toda ação há sempre uma reação oposta e de igual intensidade: as ações mútuas de dois corpos um sobre o outro são sempre iguais e dirigidas em sentidos opostos."
>
> Isaac Newton

Como, então, contra-argumentar sem ser agressivo na percepção do outro, mas, ao mesmo tempo, mostrando sua posição? Usando perguntas é uma forma!

"Você já viu um usuário de crack? Seja ao vivo ou pela televisão? Já percebeu como esse usuário fica debilitado? E rápido! Sabe que o vício para esse tipo de droga se inicia logo no primeiro uso? Como se sentiria se descobrisse que seu filho experimentou essa droga? Sabe quanto custa aos cofres públicos o tratamento de um usuário? E quantos deles realmente se livram dessa droga?"

Suas perguntas fariam com que o seu amigo pensasse em questões que talvez nunca tenha pensado. E, ao mesmo tempo, em momento algum você negou a visão atual dele. Sendo assim, ele estará muito mais apto e receptivo para ouvir o que você tem a dizer.

Outra maneira é contar uma história. Pode ser sua ou de outra pessoa. Exemplo:

"Eu tenho um grande amigo desde a época da faculdade. Amigo mesmo! Daqueles que se fala além do *WhatsApp* e *Instagram*! Sempre que podemos, nos reunimos e trocamos muitas experiências de vida. Esse amigo passou por uma situação de vida muito delicada. Quando o filho mais velho tinha 17 anos, ele começou a perceber que o filho estava ficando bem agressivo. Ele achou que fosse a fase da adolescência e que passaria logo. Mas não foi tão simples assim. Além da agressividade em casa crescer, o rapaz começou a ter problemas na escola. Não tirava notas suficientes e começou a faltar aulas escondido. Um rapaz forte e bonito, começou a definhar. Emagreceu rapidamente, rosto abatido, olhar perdido, já não ligava para a higiene pessoal... Como todo pai, meu amigo inicialmente negou a realidade. Só se convenceu que era hora de procurar ajuda quando percebeu que alguns objetos de valor de sua casa estavam sumindo. Nesta hora bateu o desespero. Eu acompanhei tudo bem de perto. Eu vi como a droga devastou aquela família. Foram dois anos entrando e saindo de clínicas de reabilitação, mas o rapaz não aceitava a ajuda dos pais. Em uma dessas recaídas, a família perdeu de vez aquele filho. Não existe luto maior que a perda de um filho. Cada vez que ouço falar sobre liberação do uso de drogas eu lembro da desgraça dessa família. Assim como não quero que outra família próxima passe por essa situação, não desejo isso nem a um desconhecido..."

Neste caso, como está contando uma história e falando dos seus sentimentos em relação àquilo, a contraparte não terá a percepção que está sendo contrariada e assim internalizará com mais atenção aquilo o que argumenta.

Incluir diferentes tipos de percepções (auditivas, visuais e sinestésicas) e detalhes da história auxiliam o ouvinte a entrar e se imaginar no cenário da história contada.

Você pode melhorar seu nível de persuasão, é só prestar atenção em como está contra-argumentando!

3. Diferenças de filtros pessoais

"Nenhum legado é tão rico quanto a honestidade."

Shakespare

Na comunicação, mais importante do que o que foi dito é o que foi entendido pelo outro! Segundo O'Connor e Seymour (1995), transformamos a realidade em um mapa mental. Para isso, utilizamos três filtros. É fácil entender que utilizamos nossos filtros de percepções para transformar a realidade externa vivenciada em nosso mapa mental, isto é, nossa realidade pessoal. Por esse motivo, mesmo vivenciando uma mesma situação, pessoas diferentes percebem realidades diferentes. "Na verdade, não sabemos como é a realidade" (O'Connor, 2007, p. 152).

Confundir o mapa mental com a experiência real, segundo O'Connor (2007), pode levar a três mal entendidos:

1. Traduzimos nossa experiência para linguagem e confundimos a linguagem com experiência quando são apenas um reflexo incompleto, com isso permitimos que as palavras nos limitem.
2. Podemos supor erroneamente que os outros compartilham nossas suposições e, assim, omitimos partes vitais de nossa mensagem.
3. Entendemos mal os outros porque preenchemos as lacunas entre as palavras com base no **nosso** mapa da realidade, em vez de descobrirmos o mapa deles.

Omissão, generalização e distorção são os principais filtros da nossa percepção da realidade. São formas naturais de pensar e filtrar o excesso de informação que recebemos ao longo de um dia. Nós filtramos nossa experiência quando as transformamos em representações internas e, ainda, ao escolhermos palavras para descrever essas experiências, filtramos tudo mais uma vez (O'Connor, 2007).

- A linguagem **apaga** ou **omite** nossa experiência. Ela é lenta demais para expressar todas as informações sobre uma experiência.

- A linguagem **generaliza** ao aplicar regras de exemplos únicos a um contexto mais amplo.
- A linguagem **distorce** a experiência, atribui maior peso a alguns elementos e minimiza outros.

Isto é, além de termos uma visão filtrada da realidade, quando transmitimos essa percepção através da linguagem, filtramos ainda mais, o que torna a comunicação ainda mais complexa.

4. Sistemas representacionais

O ciclo da comunicação se inicia nos nossos sentidos, onde boca, olhos, nariz, ouvidos e pele são os pontos de contato com o mundo exterior. Portanto, enxergamos por meio de nossos filtros perceptivos e quando pensamos sobre o que vimos, sentimos ou ouvimos, recriamos e revivemos sons, imagens e sensações (O'Connor e Seymour, 1995).

Utilizamos os sentidos externos para representar a realidade experimentada. Segundo O'Connor e Seymour (1995), a maneira como assimilamos, armazenamos e codificamos informações é por meio de nossos sistemas representacionais: visual, auditivo e sinestésico (tato, paladar e olfato).

Embora utilizemos todos os nossos sentidos concomitantemente desde a infância, estabelecemos o nosso sistema representacional de preferência. Tendemos a favorecer um ou dois sistemas.

O fato de sermos visuais, sinestésicos ou auditivos é, na maioria dos casos, uma questão de condicionamento. Pode haver uma predisposição a algum canal de preferência. No entanto podemos nos condicionar se quisermos (Moine e Herd, 1988).

Podemos identificar o sistema representacional da contraparte e adaptar nossa linguagem para favorecer a comunicação e a empatia. A outra parte compreenderá com mais facilidade sua mensagem, pois você está falando a linguagem dele. "Se não conseguir fazer isso, é como se um cego tentasse vender algo para um surdo." (Moine e Herd, 1988, p. 48)

Para identificar o sistema representacional de preferência de outra pessoa, é normal evidenciarmos algumas pistas:

Por meio de palavras

Compare três pessoas descrevendo um acidente de carro sofrido.

Visual: A cena aconteceu muito rápida. Não pude prever o que aconteceria. Quando olhei, o outro carro já estava muito próximo. Os vidros se quebraram e via tudo rodando, parecia que lentamente. Quando tudo acabou, fiquei feliz por ver que não havia nem uma gota de sangue.

Perceba palavras como: olhar, imagem, foco, imaginação, cena, examinar, antever, ilusão, ilustrar, observar, escuro, mostrar e visão.

Auditivo: Foi tudo em um ritmo acelerado. Fiquei mudo. Quando ouvi o estrondo da colisão junto com o ruído dos estilhaços de vidro, já percebia que o carro rodava de maneira ritmada e aguda. Soou como música em meus ouvidos quando tudo aquilo cessou e percebi que estava tudo bem.

Perceba palavras como: dizer, sotaque, alto, tom, discutir, som, monótono, agudo, mudo, comentar, proclamar, dissonante, silêncio e perguntar.

Sinestésico: Senti tudo muito rápido. Fiquei sem reação e senti um frio na barriga. A primeira tensão foi o impacto do cinto de segurança quase esmagando meu peito. Depois parecia que estava dentro de um liquidificador, tudo rodava vigorosamente. Embora ainda nauseado, quando pude colocar meus pés no chão, fiquei feliz por não estar sentindo nenhuma dor.

Perceba palavras como: tocar, manusear, empurrar, sentir, sólido, quente, frio, tangível, concreto, estresse, pressão, agarrar, sofrer e pegar.

Movimentos oculares

Não é possível saber o que a pessoa está pensando, mas podemos perceber que tipo de pensamento uma pessoa está tendo. Olhamos para o lado esquerdo para lembrarmo-nos de memórias já existentes. E, para o lado direito, para criarmos imagens, sons ou sentimentos. Por esse motivo, muitos associam o contato visual deslocado para o lado direito como possibilidade de blefe ou mentira. Nem sempre isso faz sentido. Outros indícios de mentira devem ser analisados antes de uma conclusão radical como essa.

Figura 13: Pistas visuais

Fonte: O'Connor e Seymour (1995)

A maioria das pessoas destras possui o padrão de movimento ocular conforme o esquema acima. No entanto, é comum achar pessoas canhotas que olhem para a direita para lembrar de memorias já existentes e para esquerda para criar novos pensamentos.

Pistas de linguagem corporal

Visual: Tendem a respirar elevando o tórax e tem um tom de voz mais alto; falam com rapidez; são mais magros (Moine e Herd, 1988; O'Connor, 2007). Em geral, vestem-se melhor do que outros do mesmo nível econômico (Moine e Herd, 1988).

Auditivo: Tendem a ter tom de voz uniforme e agradável. Ocasionalmente, poderá ouvi-los sussurrando, assobiando ou fazendo pequenos barulhos com a boca (Moine e Herd, 1988; O'Connor, 2007). Pode expressar movimentos rítmicos no corpo, como se estivesse ouvindo música; respiração regular no meio do peito, tipo corporal frequentemente mediano (O'Connor, 2007).

Sinestésico: Tendem a respirar de forma plena e profunda; usam gestos para falar; falam com tom de vos baixo; com frequência tocam suas roupas ou seu próprio corpo; possuem estrutura física musculosa; gostam de esportes e passar o tempo ao ar livre, e, ao ficarem mais velhas, tem tendência a engordar (Moine e Herd, 1988).

5. Comunicação Verbal

> "Se você falar com um homem numa linguagem que ele compreende, isso entra na cabeça dele. Se você falar com ele em sua própria linguagem, você atinge seu coração."
>
> Nelson Mandela

Olhe para as seguintes palavras:

Bananas Vômito

Segundo Kahneman (2012), essas palavras geram imagens e memórias desagradáveis. Sou rosto pode ter se contorcido esboçando uma expressão de nojo, você pode ter se afastado desse texto, a frequência de seus batimentos cardíacos pode ter aumentado. Em suma, você reagiu à palavra causadora de nojo como reagiria a um evento real. Esse processo é chamado de ativação associativa: ideias e sensações foram evocadas por uma palavra. Palavras evocam lembranças, que evocam emoções, que evocam expressões faciais e outras reações. Por esse motivo, a comunicação verbal do negociador deve ser estruturada de forma a evitar sentimentos e reações negativas.

Avalie o diálogo abaixo entre um diretor (D) e um gerente (G):

D: Bem-vindo à minha sala. Como vai?

G: Tudo indo. E o senhor?

D: Tudo bem!

G: Sei que o senhor não tem muito tempo. O assunto não é muito agradável, mas vou direto ao assunto.

D: Parece que você precisa de mais um funcionário na sua equipe, correto?

G: Isso mesmo. Temos um grande problema. Não estamos suportando mais. Sei que a empresa tem um grande controle e restrições para novas contratações esse ano e todas as gerências trabalham acima do limite de suas capacidades. Mas minha equipe está, realmente, no limite. Não dá mais.

D: Entendo.

G: É um risco muito grande. Nossa equipe lida com assuntos estratégicos da empresa. Uma sobrecarga de trabalho por muito tempo pode gerar erros com grandes consequências, inclusive financeiras.

D: Como está a motivação da equipe, hoje?

G: Estou mantendo como posso. O problema é que as horas extras constantes deixam a equipe cansada e desatenta. Eu sei que é difícil ir contra a diretriz de contratação da empresa. Mas não podemos deixar a situação piorar. Você pode ficar tranquilo, se você permitir essa contratação, os gerentes de outras áreas entenderão sua posição estratégica e não exigirão reforços também.

Dica: Procure facilitar a decisão do outro. Ao invés de apresentar um problema, ofereça soluções a serem escolhidas.

Avalie a apresentação abaixo de um gerente de marketing de uma rede de supermercados para seus fornecedores:

Boa tarde, meus amigos fornecedores. Meu nome é Carlos e tenho uma oportunidade de promover, ainda mais, a marca de vocês.

Como gerente de marketing, estou promovendo, em nossa rede de supermercados, shows festivos que comemorarão o início de mais um ano.

Estes shows contarão com artistas de primeira linha e acontecerão em regiões mais carentes de nosso Estado, tendo como público-alvo as classes C e D. Esse grupo de pessoas, apesar de não ter acesso a eventos culturais, representa a maior parcela de nossas vendas.

Para que estes shows aconteçam com a qualidade desejada, precisamos contar com o patrocínio de vocês.

Estes eventos acontecerão em favelas já pacificadas. Os patrocinadores terão suas marcas impressas em folders, banners em anúncios na TV. Podendo até serem distribuídos brindes institucionais.

Vocês não precisam se preocupar com a exposição da marca de suas empresas em situações de desordem e violência, pois dentro de nosso planejamento, a segurança será reforçada.

Serão grandes eventos! Conto com o apoio de vocês!

Dica: a ativação associativa pode levar os ouvintes a uma sensação de ameaça de desordem e violência no evento. Busque palavras que geram sensações positivas e evite as que levam à sentimentos ou memórias negativas.

Evite as ameaças. Que tal trocar as sentenças abaixo por alternativas mais agradáveis para o ouvinte?

"Você está com problema?"
Alternativa: "Como posso te ajudar?"

"O que diz não faz sentido"
Alternativa: "Poderia dar um exemplo?"

"Eu não posso..."
Alternativa: "Desta outra forma resolveria a situação?"

"Você está me enrolando"
Alternativa: "Eu estou confuso."

"Você não fez o que combinou"
Alternativa: "Sinto-me desapontado."

"Você está errado"
Alternativa: "Não entendo seu ponto de vista."

Tente responder mentalmente as perguntas abaixo sem usar palavras negativas como: não, nunca, jamais, de jeito nenhum e sinônimos. Seja assertivo com suas respostas. O objetivo não é enrolar o outro ou adiar uma decisão. Seja claro quando sua resposta for negativa, apenas não utilize as palavras negativas. Siga o exemplo abaixo:

Você aceitaria uma oferta de emprego para trabalhar durante três anos, recebendo R$ 3 milhões anuais, com a condição de somente poder ver seu cônjuge *uma vez a cada seis meses?*
Sugestão de resposta: aceitaria caso pudéssemos nos ver a cada mês.

Você deixaria sua filha passar uma semana na casa de um milionário por R$ 1 milhão?
Sugestão de resposta: aceitaria caso eu fosse junto.

Você emprestaria todas as suas reservas para um grande amigo que pretende abrir um negócio arriscado?
Sugestão de resposta: meus investimentos são sólidos e conservadores.

Viu como é possível evitar o "não" mesmo negando as afirmativas? Perceba que o "não" ficou claro nas situações acima, mesmo sem utilizar a palavra "não". Agora é sua vez! Responda a verdade nas perguntas abaixo. Deixe clara a sua posição. Mesmo assim, lembrando de evitar palavras negativas como: não, nunca, jamais, de jeito nenhum etc. Também não enrole! Responder com uma pergunta, adiando a resposta, pode irritar o ouvinte ou criar uma percepção que posteriormente você poderá aceitar. "Talvez", "quem sabe" ou "vou pensar" também só adiam a negativa. Se tiver que negar, faça-o assertivamente, porém, com palavras suaves!

Para você responder:

1. *Você aceitaria o convite de seu melhor amigo para assaltar um banco, na certeza de que vocês não seriam pegos pela polícia?*
2. *Você aceitaria trocar de sexo?*
3. *Se encontrasse o gênio da lâmpada, você abriria mão dos seus três pedidos?*
4. *Se fosse condenado à morte, sendo inocente, mas tivesse condições de mostrar, através de uma farsa, a culpa de outro inocente para se livrar da pena, você o faria?*
5. *Se descobrisse que seu melhor amigo, que está para ser eleito Presidente da República, está envolvido em diversas falcatruas, você denunciaria? Você votaria nele?*
6. *Se fosse convidado(a) para um casamento de um amigo(a) de infância que não vê há tempo e descobrisse que você já teve um caso com o(a) futuro(a) cônjuge, você contaria ao seu amigo(a)?*
7. *Se estivesse preso por um crime que não cometeu e tivesse oportunidade de fugir, você o faria?*
8. *Se fosse vendedor(a) de uma loja de roupas e uma cliente te perguntasse como ficou o vestido que acabara de experimentar, sabendo que é o vestido mais caro da loja e não ficou bom na cliente, você recomendaria outro?*
9. *Se ganhasse um beijo de um desconhecido na rua, você contaria para seu cônjuge?*
10. *Se descobrisse que um tio que morreu deixou R$ 1 milhão em um cofre, junto com uma carta, pedindo que o dinheiro fosse entregue a uma instituição de caridade, sendo que você está atolado em dívidas e ninguém mais sabe da existência desse documento, você doaria?*
11. *Você daria dinheiro a um garoto na rua, que, no dia anterior, foi visto por você assaltando uma senhora?*
12. *Se, em uma entrevista de emprego, você percebesse que seu futuro chefe tem bafo, você lhe diria?*
13. *Se você e seu cônjuge estivessem tentando engravidar há 5 anos e não conseguissem e um recém-nascido fosse deixado à sua porta, você ficaria com ele?*
14. *Em um restaurante, você percebe um fio de cabelo na comida. Você continua comendo?*
15. *Se você fosse demitido por conta de um erro que um amigo do trabalho cometeu, você denunciaria?*

16. *Você é arbitro da final de campeonato de futebol e o time para o qual torce é um dos finalistas. Se tivesse a chance de favorecer seu time, você o faria?*
17. *Se um político lhe oferecesse R$20.000,00 para comprar seu voto, você aceitaria?*
18. *Se fosse policial rodoviário e flagrasse um motorista embriagado atropelando uma pessoa, aceitaria suborno para não registrar o ocorrido?*
19. *É véspera de Natal, você está há 15 minutos tentando estacionar o carro no shopping e acha uma vaga para deficientes livre. Você estacionaria?*

Como foi? Algumas perguntas foram engraçadas. Outras poderiam te deixar em uma situação embaraçosa. Percebeu que o início foi mais difícil, enquanto no final as dificuldades foram diminuindo? Caso fizesse o exercício novamente, seria muito mais fácil, concorda? Enquanto respondia as questões, você estava focado e consciente de sua comunicação verbal (mesmo que mentalmente). Em pouco tempo, pôde verificar como ficou mais fácil. Se, com um pequeno treinamento, percebeu a diferença, imagina como poderia melhorar caso, em alguns momentos do seu dia, preocupar-se com sua linguagem verbal. Quanto mais tempo de treino, mais natural e rápida ficará sua forma de responder negativamente utilizando palavras positivas. Nas negociações, é normal que tenhamos que negar aquilo que não é interessante. E é também verdade que as palavras negativas implicam em uma ativação associativa negativa, causando uma sensação ruim na contraparte. Sendo assim, se pudermos treinar para negar sem utilizar palavras negativas, a percepção da contraparte durante uma negociação pode ficar muito mais agradável!

No parágrafo acima utilizei um artifício da comunicação verbal chamado *Yes Set*, ou sim repetido. O *yes set* é quando o negociador utiliza afirmações ou questionamentos que ele tem certeza de que a contraparte concordará ou responderá de maneira positiva. Quando bem feito, as partes parecem estar de acordo, ser aliadas e/ou pensar da mesma forma. Isso funciona bem porque os semelhantes se atraem. Quando chega o ponto de a contraparte achar impossível discordar, é a hora de fazer a sugestão. Uma vez que a confiança e o *rapport* são estabelecidos, é hora de iniciar o direcionamento, orientação ou sugestão (Moine e Herd, 1988).

Releia o parágrafo logo após as perguntas. Perceba que é possível que tenha concordado com todas as afirmações ou questionamentos. As frases iniciais não oferecem nenhuma nova informação, além disso, se ajustam à contraparte, são generalizadas e, indubitavelmente, verdadeiras. Perceba também que a última frase é um direcionamento, uma sugestão que treine o seu controle verbal em situações do cotidiano. Essa formulação é muito mais efetiva que um simples pedido de treino da comunicação verbal.

A conexão entre as afirmações e suas sugestões necessitam de palavras que conectam as ideias, os articuladores mentais. Articuladores como *e*, *ou* e *mas* são mais fracos, enquanto *como*, *enquanto*, *durante*, *desde*, *causa* e *requer* são mais fortes e afirmam com mais intensidade a conexão necessária entre dois eventos (Moine e Herd, 1988). No exemplo:

"Estamos aqui, sentados, negociando um contrato *enquanto* a produtividade da empresa poderia ser aumentada". A primeira afirmação é óbvia e verdadeira, e a articulação "*enquanto*" faz a outra parte pensar sobre a produtividade da empresa.

Dicas segundo Moine e Herd (1988) para uso do *yes set*: quando a contraparte enviar sinais de concordância, comece a orientá-la para novas áreas de debate. Quando encontrar resistência, volte até o ponto onde estavam de acordo.

Outra ótima arma na comunicação verbal são as histórias e metáforas. Elas chamam atenção da contraparte, que se envolve e quer saber o final, simplificam o entendimento, atingem a emoção e são fáceis de serem lembradas (Moine e Herd, 1988). Contar histórias, ou *storytelling*, tem sido muito utilizado em apresentações e treinamentos. Um ótimo exemplo são os *TED talks*. Eles envolvem os ouvintes emocionalmente e facilitam uma reflexão ou até mesmo nova forma de pensar.

6. Comunicação Não Verbal

> "Nas unhas de um homem, nas mangas do seu paletó, nos seus sapatos, nos joelhos da calça, nos calos do seu polegar e do seu indicador, na sua expressão, nos punhos da sua camisa, nos seus movimentos – em cada um desses traços a ocupação de um homem se revela. É o suficiente para esclarecer, em qualquer circunstância, o investigador competente."
>
> Sir Sherlock Holmes

Caso queira saber se pode acreditar em alguém, qual impressão está causando, se alguém realmente apoia sua ideia, se a contraparte está frustrada ou irritada, as respostas estão diante de seus olhos! Sinais silenciosos da comunicação não verbal tendem a revelar emoções ocultas.

A comunicação é essencial para a sobrevivência e convivência em sociedade. Do olhar à escrita, ambas formas silenciosas, a comunicação evoluiu em meios de transmissão e de interpretação. O ser humano sempre buscou conhecer seus semelhantes por intermédio das formas de comunicação, seja falada, gestual ou simbólica. E nem por isso nos entendemos melhor.

O que as pessoas dizem nem sempre correspondem ao que estão sentindo ou pensando. Nós também observamos nas outras pessoas aspectos não verbais, antes de ouvir o que estão dizendo. E, muitas vezes, formamos nossas impressões com base nisso, mesmo antes do outro abrir a boca. Isso porque nossos ancestrais tomavam decisões de sobrevivência baseados exclusivamente em informações visuais que captavam dos outros (Goman, 2010).

As emoções das pessoas raramente são postas em palavras. A chave para intuir os sentimentos dos outros está na capacidade de interpretar canais não verbais: tom de voz, gestos, expressão facial e coisas assim (Goleman, 1995).

Assim como o modo da mente racional é a palavra, o das emoções é não verbal. Na verdade, quando as palavras de alguém discordam do que é transmitido em seu tom de voz, gestos ou outros canais não verbais, a verdade emocional está mais no como ele diz alguma coisa do que no que ele diz. As aptidões que nos fazem perceber esses sinais, bem ou mal, são, na maioria das vezes, tacitamente aprendidas. O processo de receber e decodificar a comunicação não verbal acontece naturalmente de maneira inconsciente (Goman, 2010).

Negociadores eficientes sabem ler nas entrelinhas o que as pessoas estão dizendo. Isso os permite saber a hora de avançar ou recuar, confiar ou buscar mais informações, ceder ou pedir. Mesmo a percepção não verbal sendo intuitiva, você pode melhorar sua capacidade de leitura. Goman (2010) indica os "5 Cs" da percepção:

6.1 Os Cinco Cs da Percepção

Contexto:

Para entender a comunicação não verbal, é necessário entender as circunstâncias sob as quais ela ocorreu. O ambiente, o horário do dia, a contraparte e outros elementos podem influenciar na comunicação não verbal. Ex.: Estar de braço cruzado pode ser frio, caso o ambiente esteja em baixa temperatura.

Conjunto:

Um único gesto pode ter vários significados ou não significar nada. No entanto, vários sinais não verbais com significados semelhantes reforçam seu significado. Ex.: Se uma pessoa mantém contato visual com você, esboça uma postura aberta, acena a cabeça em sentido afirmativo e acompanha suas expressões faciais, os vários sinais indicam interesse e atenção.

Congruência:

Quando pensamentos e palavras estão em sintonia, você percebe isso se confirmar na linguagem corporal. Gestos e expressões ficam alinhados com as palavras.

A incongruência é um sinal não tanto de dissimulação intencional, mas de conflito interno.

Imagine que, ao encontrar uma amiga querida no dia do aniversário dela, você percebe que ela caprichou no visual. Na verdade, caprichou até demais. Está parecendo uma árvore de Natal! Talvez você queira deixá-la feliz elogiando seu *look*. Sua voz vai dizer que ela está muito bonita.

Porém, seu corpo vai te denunciar emitindo algum sinal de desaprovação. Isso é incongruência! Espero que ela não perceba!

Consistência:

Você precisa conhecer o padrão de comportamento de uma pessoa sob condições de relaxamento para que possa compará-lo às expressões e gestos que surgem quando a pessoa está estressada. Perceba o benefício de conhecer a sua contraparte e, caso não a conheça, criar um clima ameno no início da negociação.

No início da negociação, durante a preliminar, você e a contraparte conversam sobre férias, viagens e lazer. Você pode mapear o padrão de comunicação dessa pessoa em um momento de relaxamento. Durante a negociação, você pode perceber que, quando tratarem de algum assunto crítico, a postura dessa pessoa vai modificar. Esta mudança de padrão é congruente para sua avaliação.

Cultura:

Quanto mais você sabe sobre a formação de uma pessoa, seus *hobbies* e interesses, melhor consegue compreender por que certos gestos ou posturas são parte do seu repertório pessoal e por que o desvio desses padrões é significante.

A comunicação pode ser manipulada. Quantas vezes, em um contexto social, você precisou manipular suas expressões e gestos? Por exemplo, ao receber um presente que não gostou de alguém querido, você precisou fingir que adorou. Os indícios da comunicação não verbal podem ser manipulados, alguns são mais fáceis, outros mais difíceis de esconder. Temos muito mais controle sobre os músculos corporais e palavras do que sobre nossos músculos faciais, por isso as microexpressões faciais são um excelente indício de emoções. Imagine-se dirigindo e, de repente, outro carro apareceu, em alta velocidade, prestes a colidir com o seu. Em um instante, antes de ter tempo para pensar, a expressão de medo vai estar no seu rosto: sobrancelhas levantadas e unidas, olhos arregalados, boca esticada para trás em direção às orelhas, seu coração acelera, você começa a transpirar e o sangue corre para os grandes músculos das pernas (Ekman, 2011).

Ekman (2011) mapeou as microexpressões faciais universalmente reconhecidas das seis emoções: alegria, tristeza, surpresa, medo, desprezo e raiva. A microexpressão em si não diz o que a pessoa pensa, isso deve ser determinado pelo contexto, e, muitas vezes exige questionamento adicional. Elas duram de 1/12 a 1/5 de segundo.

Certa vez, brincando/treinando com minha mãe (isso mesmo, precisamos treinar a percepção sempre), pedi que ela colocasse as mãos para trás e colocasse uma bolinha de papel em uma das mãos e eu iria adivinhar onde estava. Ela não hesitou! Congelou a expressão facial e seguiu o meu pedido. Quando colocou as duas mãos fechadas para frente, eu imediatamente indiquei a mão que estava com a bolinha de papel. E acertei! Ela ficou intrigada e pediu para fazer novamente. Congelou a expressão facial, arregalou os olhos e fixou o olhar no meu. Quando colocou as mãos para frente, acertei novamente. E ela perguntou: "Como você acertou?! Eu estou olhando para você, nem pisquei!" Realmente, ela não fez nenhuma expressão facial diferente. Entretanto, seu nariz, delicadamente, quase que milimetricamente, apontava para a direção da bolinha nas duas tentativas. É uma expressão muito sutil, mas perceptível, principalmente conhecendo o outro.

É claro que ela quis brincar também. Afinal, eu sou apenas uma peixinha ("filho de peixe, peixinho é."). Na primeira tentativa, em uma fração de segundo antes de colocar a mão para frente, inclinei e voltei com o pescoço para o lado onde a bolinha estava. Eu percebi o meu movimento, mas já era tarde demais para voltar atrás. Fiz, então um "carão" e coloquei as duas mãos para frente. É claro que ela percebeu! Acertou a mão da bolinha! Como ela teve duas chances, pedi a minha segunda chance também. Coloquei as mãos para trás, escolhi uma das mãos para segurar a bolinha e, como sabia o movimento que tinha feito anteriormente, repeti para enganá-la! Inclinei sutilmente meu pescoço para o lado contrário da bolinha escondida antes de colocar as mãos para frente. Incrivelmente ela acertou a mão da bolinha! "Como?", perguntei assustada "Eu inclinei o pescoço para o outro lado!". E ela disse: "Eu percebi. Mas nessa segunda vez, você inclinou mais lentamente...".

Bom, daí eu cheguei à algumas conclusões. Primeiro: lembrei da minha juventude... Como me enganei... Ela percebia tudo! Segundo: quando você tem consciência da sua comunicação não verbal, você até se controla em algumas questões, mas as microexpressões são muito difíceis de esconder. Um negociador com uma boa percepção pode identificá-las. Daí vem a importância do trabalho do Paul Ekman.

6.1 Espelhamento

Você já observou a postura de casais em um restaurante ou bar e tentou identificar aqueles que estão realmente apaixonados? Casais apaixonados fazem, intuitivamente, o acompanhamento da linguagem corporal de seus companheiros (Moine e Herd, 1988). Quando há empatia entre duas pessoas, a comunicação parece fluir, seus corpos e palavras estarão em sintonia, como o engajamento entre duas pessoas em uma dança (O'Connor e Seymour, 1995).

O espelhamento, ou sintonia límbica, é intuitivo, no entanto, podemos fazê-lo conscientemente para encantar a contraparte em uma negociação. Pessoas bem sucedidas conseguem criar essa empatia, que é a base da confiança (O'Connor e Seymour, 1995). O espelhamento consciente pode ser parte importante no desenvolvimento de relações comerciais pois cria uma percepção no outro de competência, amizade e simpatia (Goman, 2010). Segundo Moine e Herd (1988), quando simulamos os gestos e posturas da outra parte, tornamos mais fácil a criação de empatia e relacionamento com o outro. A contraparte confiará mais em você e sentirá que você a compreende e aceita. Ela se sentirá mais à vontade com você. De certo modo, você estará se colocando na posição do outro.

O espelhamento, mesmo das linguagens corporais negativas, exerce um efeito positivo na criação do *rapport* entre as partes. E, após o estabelecimento do clima de confiança, você poderá conduzir a contraparte à uma postura positiva e aberta. Pequenas alterações em suas posturas poderão ser espelhadas pela contraparte após a criação do *rapport* (Moine e Herd, 1988). Isso porque o espelhamento é inconsciente. Quando o outro estiver envolvido com a sua argumentação, sem perceber, o corpo dele irá emitir sinais de concordância, espelhando o seu.

Muitos negociadores chegam a equiparar sua respiração com a da contraparte, de forma estabelecer uma afinidade inconsciente, um clima de concórdia e harmonia (Moine e Herd, 1988). Falar no mesmo tom e ritmo de voz também ajuda a criar vínculos subliminares. A respiração ajuda a equiparar tom e ritmo de voz.

ATENÇÃO: não à necessário imitar o outro! Isso pode parecer falso e ter o efeito contrário! Um bom espelhamento estabelece apenas semelhanças nas posturas e gestos. A cópia exagerada e evidente é considerada ofensiva (O'Connor e Seymour, 1995). Por isso, é recomendado que treine antes de utilizar em uma negociação.

Capítulo 4
Perfis de negociadores

1. Características de um bom negociador

> "Nosso talento vem do nosso defeito. Temos a perpétua mania de improvisar e isso gera muita capacidade de adaptação. Somos muito criativos para resolver qualquer coisa... Mas às vezes, na hora de acertar rotinas, de buscar a precisão, o ajuste fino, esse excesso de talento atrapalha."
>
> Cora Rónai

Na literatura de negociação, o conhecimento sobre diversidades culturais e diferenças no estilo de negociadores de diferentes regiões é vasto. No entanto, os brasileiros, como negociadores, ainda não fazem parte do conjunto das culturas pesquisadas pelos teóricos norte-americanos e europeus.

Carvalhal (2010) analisa as características de negociadores brasileiros e as compara com as eleitas pelos norte-americanos e percebe que os brasileiros dão menos importância ao planejamento e disponibilizam menos tempo para esta fase. Essa preferência pela improvisação reflete uma preferência histórica pela improvisação. Por outro lado, os brasileiros têm grande preocupação com o relacionamento e gastam mais tempo que os norte-americanos na preliminar da negociação. Norte-americanos, anglo-saxões ou escandinavos agem sob influência direta dos aspectos substantivos envolvidos na negociação. Assim, tendem a ir mais rápido ao ponto, agindo de forma direta (Carvalhal, 2010).

Carvalhal (2010) acrescenta ainda que o "jeitinho brasileiro" é fundamentado e reforçado pelo perfil cordial, alegre, caloroso, simpático, humano e criativo do brasileiro.

Mas quais são as características que tornam um negociador mais competente?

Hirata (2007) sumariza onze competências necessárias para um negociador de alta performance:

Preparação estratégica: Capacidade de prever variáveis que possam interferir no processo decisório da negociação.

Abordagem e *rapport*: Capacidade de identificar diferenças individuais e adaptar-se a elas para criar e manter relacionamentos de maneira íntegra e saudável.

Comunicação e persuasão: Habilidade de expressar ideias, pensamentos e informações com linguagem clara e objetiva.

Raciocínio sob pressão e incerteza: Capacidade de elaborar pensamentos, táticas e estratégias em cenários de alto risco e pressão.

Exposição a riscos: Capacidade de propor ofertas e soluções em ambientes de incerteza. Depende do grau de exposição do negociador em cenários com variáveis ocultas ou desconhecidas.

Flexibilidade: Capacidade de lidar com situações complexas, dinamizando o processo de negociação. O "jogo de cintura" do negociador para lidar com imprevistos, mudanças bruscas e situações que desestruturam sua linha de raciocínio.

Investigação de interesses: Habilidade de questionar a outra parte de forma estratégica e aprofundar nos reais motivos e interesses do outro.

Escuta ativa: Habilidade de entender o interlocutor por meio de ideias, pensamentos, valores, crenças, lógica e processo decisório deste.

Revelação de interesses: Habilidade de revelar os interesses pessoais no *timing* correto. Administração da ansiedade, trocando informações de forma estratégica.

Convergência de interesses: Capacidade de encontrar áreas de acordo por meio do desenvolvimento de soluções de interesse comum, atendendo necessidades mútuas.

Solução de impasses: Capacidade de elaborar e apresentar soluções criativas nos momentos de tensão.

Você pode identificar suas habilidades mais fortes e seus pontos de melhoria identificando em que nível você se situa em cada uma dessas habilidades. Para cada habilidade, marque o nível que melhor se encaixa no seu perfil atual. Lembre-se, isso é uma autoavaliação, não precisa mostrar para ninguém, mas é importante que seja verdadeiro consigo mesmo identificando o seu perfil e posteriormente identificando como pode desenvolver-se. Por isso, marque como você é, não como gostaria de ser.

Tabela 5: Níveis de habilidades do negociador

Habilidade	Nível 1	Nível 2	Nível 3	Nível 4
Preparação estratégica	Tem a preocupação de levar alternativas e concessões para que ocorra o fechamento da negociação.	Consegue executar parcialmente seu planejamento, cuja precisão é calculada de forma empírica e não evidenciada. Faz pressuposições e generalizações em testá-las na interação com a contraparte.	Consegue estabelecer todas as variáveis críticas da negociação. A dosagem do tempo necessário à preparação deve ser um item a ser avaliado, já que o bom é inimigo do ótimo.	Observa e avalia o cenário da negociação com muita perspicácia, e ordena as variáveis críticas. Busca informações essenciais sobre a outra parte e se prepara estrategicamente para eventuais ameaças.
Abordagem e rapport	Estabelece uma relação harmoniosa com as outras pessoas, mas evita envolvimento, pois tende a agir individualmente.	Aberto a diferentes tipos de pessoas, valoriza experiências e sugestões, visando um clima de harmonia.	Traz à tona os conflitos emergentes da negociação, valorizando o entendimento da visão do outro na busca de soluções. Administra bem conflitos de opinião e interesses.	Inicia e constrói relacionamentos com qualquer tipo de pessoa. Desenvolve uma boa rede de contatos de forma aberta e espontânea.

Habilidade	Nível 1	Nível 2	Nível 3	Nível 4
Comunicação e persuasão	Demonstra conhecimento sobre o que precisa ser comunicado e se esforça para compreender e ser compreendido, embora algumas vezes tenha dificuldade de transmitir ideias.	Apresenta informações por escrito ou verbalmente com clareza e objetividade. Incentiva diálogo e interação, gerando empatia entre as pessoas.	Comunica-se com assertividade em situações favoráveis ou não. Proativo, estabelece vínculos pessoais em prol de metas e personaliza a comunicação, atraindo a atenção alheia.	Usa sua habilidade de comunicação e persuasão para sensibilizar a outra parte. Elabora e faz, com eficácia, apresentações para pessoas e grupos, criando compromisso e motivação.
Raciocínio sob pressão e incerteza	Embora consiga diagnosticar os motivos de pressão, o envolvimento emocional pode provocar decisões precipitadas.	Ao identificar pressão e suas consequências, se posiciona com rigidez e pode gerar impasses com desfechos desagradáveis.	Oferece rapidamente alternativas de solução de problemas. Racionalmente resistente às intimidações, porém tende a ceder antes do tempo.	Responde com frieza e calma a cenários de alta pressão e desvantagens. Avalia prós e contras, cede apenas no limite do tempo.
Exposição a riscos	Oferece soluções sem evidências e conhecimento sobre as forças presentes na negociação. Alcança resultados de forma empírica.	Pressupõe ameaças, direcionando esforços para se proteger de armadilhas e, com medo, delimita seu campo de ofertas.	Pressupõe ameaças, mas cria oportunidades para superá-las. Ataca pontos de incerteza.	Identifica evidências eliminando pressuposições. Apresenta ofertas com convicção.
Flexibilidade	Resistente às mudanças. Prefere atuar em situações já vivenciadas utilizando abordagens conhecidas.	Reconhece e aceita mudanças, agindo com flexibilidade e rapidez. Responde as questões críticas com prontidão, direcionando o foco e priorizando o essencial.	Ágil em situações de imprevistos, articulando tomada de decisões. Transforma problemas em oportunidades e ideias em resultados.	Hábil em situações ambíguas, administra mudanças bruscas, propõe soluções criativas correndo riscos calculados.

Habilidade	Nível 1	Nível 2	Nível 3	Nível 4
Investigação de interesses	Apesar de entender o posicionamento da contraparte, tende a adotar atitudes parciais em relação aos interesses envolvidos.	Demonstra respeito às diferenças de posicionamento e comportamento. Tem assertividade e segurança na argumentação sobre seus pontos de vista.	Investiga interesses da contraparte de forma parcial. Estabelece limites às próprias perguntas e, às vezes, não chega às conclusões.	Desenvolve estímulos motivacionais para que a contraparte comunique seus interesses e necessidades. Resolve facilmente objeções e resistências.
Escuta ativa	Preocupa-se mais com o próprio posicionamento do que ouvir a outra parte. Muitas vezes discute "quem está certo ou errado".	Embora dê espaço para o interlocutor se expor, processa essas informações de forma aleatória. Faz poucas recapitulações.	Dedica-se à arte de ouvir procurando obter informações para estruturar sua estratégia de convencimento. Interessa-se mais pelo objeto da negociação que pelas pessoas.	Seu foco é a outra parte e seu interesse por pessoas estabelece um clima de abertura. Faz recapitulações para entender a visão de mundo do outro.
Revelação de interesses	Estabelece tão claramente seu posicionamento que tende a adotar uma postura inflexível na abertura da negociação.	Revela seus interesses de forma aleatória, sem controlar a ansiedade e sem solicitar os interesses da outra parte.	Prioriza as trocas de informações, que, por não haver planejamento, corre o risco de revelar interesses antes do tempo necessário.	Prepara estrategicamente a sequência de informações que serão fornecidas, bem como o que terá em troca. Controla a ansiedade.
Convergência de interesses	Procura atender suas expectativas, buscando direcionar as soluções para o que é importante para si.	Procura atender às solicitações e expectativas emergentes da outra parte, sem, contudo, entender sua opinião e satisfação.	Atende às demandas do outro, antecipando-se. Busca de forma planejada a troca de valores e prioridades de cada um.	Revisa estratégias com foco nos interesses de ambas as partes. Extrai e expõe interesses de forma eficaz. Foca nas ações de pós- negociação.

Habilidade	Nível 1	Nível 2	Nível 3	Nível 4
Solução de impasses	Receio de inovar e falhar. Algumas vezes implanta melhoria em processos de negociação desde que tenha sido validado por alguém confiável	Preocupa-se em ter soluções planejadas. Propõe soluções de divisão do "prejuízo", conseguindo situar a solução na Zona de possível Acordo - ZOPA.	Busca oportunidades inovadoras. Embora extrapole o conceito de ZOPA, investiga pouco as oportunidades dos potenciais criativos da contraparte.	Antecipa-se na solução dos impasses a partir da medição dos potenciais e limites e emprega práticas inovadoras, adaptando-as conforme o cenário da negociação.

Fonte: Hirata (2007)

Faça esse exercício:

Identifique suas habilidades mais fortes e seus pontos de melhoria identificando em que nível você se situa em cada uma dessas habilidades da tabela anterior. Em seguida, marque seu desempenho em cada uma das habilidades no gráfico abaixo, segundo os níveis acima identificados, e trace seu plano de aperfeiçoamento de habilidades negociais conforme sua necessidade.

Figura 14: Gráfico de habilidades do negociador

Nem sempre precisa atingir o ponto máximo de todas as habilidades. O importante é reconhecer os seus pontos fortes e poder usar e abusar deles. E ao mesmo tempo definir onde gostaria ou até mesmo onde há possibilidade de melhorar.

2. Modelos de estilos e comportamentos de negociadores

Estilos são tendências encontradas pelas pessoas para atingir objetivos e superar barreiras. Não existe estilo melhor ou pior, mas há sim uma forma positiva e uma negativa de atuar em cada um dos estilos. Esta forma está associada a fatores como: sucesso ou fracasso de cada pessoa, experiências boas ou ruins na superação de problemas, capacidade intelectual, maturidade emocional, entre outros.

Identificar o seu perfil é fundamental para o autoconhecimento. Dessa forma, identificar suas características pessoais pode levar à reflexão, consequentemente, ao desenvolvimento pessoal. Já a identificação do perfil da pessoa com quem você precisa negociar pode levar ao entendimento das diferenças interpessoais e a adaptação ao estilo do outro pode facilitar muito as negociações. O conhecimento da tipologia ajuda a apreciar seus talentos e habilidades inatas, viver de maneira mais alinhada com sua personalidade, além de aceitar os outros da maneira como são e aprender a conviver melhor.

A seguir, serão estilos e comportamentos de negociadores de acordo o método MBTI – tradução livre: indicadores tipológicos Myers-Briggs (Baron, 2001). O método MBTI identifica quatro dimensões básicas da personalidade humana, cada uma com um par de preferências antagônicas relacionadas com um aspecto. A combinação dessas preferências identifica 16 tipos de personalidades.

Os quatro aspectos são (Baron, 2001):

Quanto à maneira de captar energia: Extroversão (E) e Introversão (I)

Os que preferem extroversão, captam energia a partir do mundo exterior, das pessoas, atividades e coisas.

Os que preferem a introversão, captam energia do mundo interior, impressões e pensamentos. Não tem relação com timidez.

Quanto à maneira de captar informações: Análise (A) e Intuição (T)

Os que preferem análise, ficam atentos às informações que lhes vêm diretamente pelos cinco sentidos e dão mais importância ao "o que é" e ao "o que foi".

Os que preferem a intuição, prestam mais atenção à intuição, aos pressentimentos e *insights* e valorizam o que deveria ser.

Quanto à maneira de tomar decisões: Razão (Z) e Sentimentos (S)

Os que preferem a razão, tomam decisões de forma objetiva e lógica.

Os que preferem o sentir, tomam decisões de forma subjetiva, a partir de seus valores.

Quanto à orientação dada ao estilo de vida: Rigidez (G) e Flexibilidade (F)

Os que preferem a rigidez, tendem a viver de maneira organizada e planejada.

Os que preferem a flexibilidade, tendem a viver de maneira espontânea e livre.

Segundo Baron (2001), a descrição resumida dos 16 tipos Myers-Briggs:

Tipo Analítico Rígido (AG): os administradores

São motivados pela necessidade de ser útil e servir. Gostam de se ater a procedimentos padronizados, valorizam a tradição, os costumes e as regras sociais.

EAZG	EASG
Extrovertido, ativo, fidedigno. Eficiente, organizado e decidido. Gosta de administrar e dirigir. Ótimo para definir e aplicar políticas e procedimentos. Afirmativo, franco e direto. Preocupa-se em solucionar problemas. Responsável esforçado e bom planejador. Consistente, pragmático e coerente.	Entusiasta, sociável, cativante. Gosta de se sentir necessário e estimado. Bem apessoado, compreensivo e cooperativo. É solidário e diligente em tarefas organizacionais. Digno de confiança, leal e responsável. Valoriza a harmonia e demonstra seu amor através de atitudes práticas.
IAZG	**IASG**
Reservado, perseverante, fiel e cuidadoso. Sistemático, organizado e atento aos fatos. Trabalhador, meticuloso e obediente. Pé no chão, pragmático, honesto, honra seus compromissos. Faz o que é certo e espera o mesmo dos outros. É calmo e firme em momentos de crise.	Consciencioso, honesto e cooperativo. Leal, digno de crédito e autodisciplinado. Demostra respeitar a ética profissional e completa suas tarefas no prazo. Excelente memória para detalhes. Amigo silencioso, sério e reservado. Frequentemente trabalha nos bastidores, ajudando os outros. Modesto e simples. Emotivo, diplomata e gentil.

Como conviver com os AGs: peça desculpas se fizer algo errado. Valorize seu perfeccionismo, diligência, lealdade e disposição para as responsabilidades. Tente fazer as coisas da maneira mais correta possível, sem desperdícios e confusões. Honre seus compromissos para ganhar sua confiança. Respeite sua inclinação para o tradicional. Seja específico e prático.

Tipo Analítico Flexível (AF): os ativos

São motivados pela necessidade de liberdade e ação. Valorizam viver no aqui e agora.

EAZF	EASF
Gosta de enfrentar riscos, desafios e aventuras. Cheio de energia, vive em constante movimento. Leva a vida às últimas consequências. Atento, confiante e persuasivo. Pode ser escandaloso, direto e impulsivo. Competente e responde bem às crises. Realista e pragmático. Negociador habilidoso.	Solícito, generoso, cooperativo, gosta de ajudar os outros. Amigável, gregário, energético, vivaz e charmoso. É quase sempre a alma da festa. Tolerante, aceita a si mesmo e aos outros. Tem senso prático. Enfatiza o positivo. Gosta de experiências e tem entusiasmo pela vida.
IAZF	**IASF**
Prefere agir a conversar, gosta de aventura e desafios. Resolve bem as crises. Se sai bem em trabalhos com ferramentas, máquinas ou quaisquer outros que requerem habilidade manual. Cheio de expediente, independente e determinado. Coerente, realista e prático. Reservado, desapegado, observador curioso. Acumula informações e acontecimentos na memória.	Gentil, leal e compassivo. Aparenta ser reservado e simples. Ajuda os outros discretamente. Paciente, sabe aceitar as coisas como são e não faz julgamentos. É a favor da filosofia do viver. Sensibiliza-se com conflitos e discórdias. Tem pouca necessidade de dominar ou controlar os outros.

Como conviver com os AFs: valorize seu entusiasmo, otimismo e habilidade para lidar com crises. Acompanhe-o em suas aventuras. Dê-lhes liberdade. Não os sobrecarregue com planos e rotinas. Quando lhes pedir algo, dê-lhes alternativas e deixe-os agir. Não tente mudá-los. Evite analisar procedimentos e sentimentos. Não o sobrecarregue com muitos assuntos.

Tipo Intuitivo Racional (TZ): os pesquisadores

São motivados pela necessidade de compreender o mundo à sua volta. Valorizam a competência e o poder mental.

ETZG	ETZF
Líder confiável que gosta de estar no comando. Decidido e ambicioso. Aprecia o intercâmbio intelectual. Engenhoso e competente para resolver problemas complexos. Inovador, analítico e coerente. Determinado e independente. Aspira ser o melhor em tudo o que faz.	Franco, é desenvolto em desafios e debates. Entusiasta, charmoso, gregário e espirituoso. Valoriza a liberdade e a independência. Criativo, empreendedor e competente. Espontâneo e impulsivo. Gosta de enfrentar riscos e está atento a todas as possibilidades. Inquiridor e curioso.
ITZG	**ITZF**
Independente e individualista. Tem muita perspicácia e visão. Hábil em criar teorias e métodos. Estimula a si mesmo e aos outros para alcançar seus objetivos e autodesenvolvimento. Engenhoso e criativo ao resolver problemas. Organizado determinado e líder confiável. Responsável, reservado e discreto.	Analítico e brilhante. Pensador original, competente para solucionar problemas. Idiossincrático e não conformista. Valoriza a precisão no pensar e no falar. Observa a inconsistência, as contradições e os lapsos no discurso alheio. Independentemente, curioso e compreensivo. Discreto, reservado e introspectivo.

Como conviver com os TZs: valorize sua objetividade, conhecimento e agilidade. Respeite sua independência e autonomia. Evite se mostrar dúbio ou excessivamente dependente. Aprenda a participar de conversas interessantes e intelectualmente estimulantes. Evite a abordagem sentimental. Não tema discutir com eles e, quando o fizer, não leve para o lado pessoal. Valorize seu bom senso, conselhos e sugestões.

Tipo Intuitivo Sentimental (TS): os idealistas

São motivados pela necessidade de entender os outros e a si mesmos. Valorizam autenticidade e integridade e anseiam por um mundo ideal.

ETSG	ETSF
Amigável, charmoso, entusiasta e socialmente ativo. Orador persuasivo e inspirado, líder carismático que motiva outras pessoas. Simpático, caloroso, prestativo e solidário. Responsável, consciente e idealista. Diplomático e bom em prover harmonia.	Acolhedor, prestativo, respeitador e compassivo. Cheio de entusiasmo e novas ideias. Valoriza a liberdade e autonomia. Sabe se comunicar muito bem e inspirar ações. Criativo, espontâneo, positivo e amante de diversões. Individualista, introspectivo, perceptivo.

ITSG	ITSF
Sensitivo, profundo e algumas vezes místico. Sério ao considerar valores pessoais e convicções. Tem vida interior rica e valoriza integridade pessoal. Criativo, original e idealista. Reservado, gentil e compassivo. Aprecia a solidão e sente grande necessidade de harmonia. Consciencioso, determinado e perseverante.	Devotado, compassivo, mente aberta e gentil. Detesta regras, ordens, planejamentos e prazos. Gosta de aprender e estar envolvido em projetos próprios. Tem convicções apaixonadas e persegue ideais. Estabelece padrões elevados para si mesmo. Idealista, sensível e criativo. Pode ser reservado e contemplativo.

Como conviver com os TSs: valorize os sentimentos que são capazes de expressar. Faça-os entender que o "não" nem sempre significa rejeição ou raiva. Seja diplomata, pois são sensíveis à desaprovação. Encoraje-os a perseguir seus ideais. Seja compreensivo e paciente com sua necessidade de expressar sentimentos. Não julgue suas variações de humor.

3. Comportamento ético e confiança

> "Assim como uma gota de veneno compromete um balde inteiro, também a mentira, por menor que seja, estraga a nossa vida."
>
> Mahatma Gandhi

Há uma grande diferença entre táticas e estratégias. Enquanto a estratégia possui foco em longo prazo, as táticas buscam ganhos imediatos.

Alguns negociadores fazem uso de táticas para conseguir ganhos maiores em negociações. Vale lembrar que uma boa negociação deve equilibrar os interesses de ganhos e de manutenção do relacionamento, isto é: ter objetivos claros que devem ser alcançados no final da negociação e, ao mesmo tempo, entender que a outra parte também deve beneficiar-se do acordo. Os ganhos mútuos devem ser explorados e priorizados para que o relacionamento a longo prazo seja garantido e, assim, futuras negociações sejam possíveis.

3.1 Táticas de abordagem

O uso de táticas pode ser uma armadilha em uma negociação. Os resultados em curto prazo podem ser muito tentadores. Ao mesmo tempo, em longo prazo, podem ser desastrosos. A descoberta pela contraparte do uso de uma tática, ou, até mesmo, a desconfiança de que ela tenha sido utilizada, leva à quebra de confiança entre as partes. Aprendendo a identificá-las, podermos ser capazes de neutralizá-las ou contra-atacá-las.

Baseado em (Stark, 1999), táticas comumente utilizadas em negociações:

Tática da Concorrência

A concorrência pode forçar alguém a ceder além do planejado.

Como reagir: Defendendo seu preço com base na qualidade do produto ou do serviço prestado, por exemplo. Pedindo ao cliente para verificar se o escopo e a qualidade do apresentado são compatíveis com os da concorrência. Reforçando a reputação da sua empresa na prestação daquilo que está sendo negociado.

Tática da Perplexidade

A contraparte se manifesta com um semblante aborrecido ou uma afirmação de descrédito quando é mencionado o preço ou as condições do contrato.

Como reagir: Não fazendo concessões até ter um entendimento seguro acerca do motivo da perplexidade. Pode ser apenas um desentendimento quanto ao seu escopo. Quando alguém se mostrar perplexo ao preço apresentado, deve-se procurar identificar o motivo da perplexidade. Depois, esclarecer seu escopo, valorizar sua equipe e a reputação da sua empresa ou mostrar a qualidade superior de seu produto ou serviço.

Tática das Pequenas Concessões

Grandes concessões são feitas com menor resistência se forem divididas em pequenas concessões. Pequenas e sucessivas mudanças de escopo podem se tornar uma grande mudança no que está sendo negociado, tendo alto impacto em outras variáveis. Porém este fato pode passar despercebido quando as concessões são feitas a partir de pequenas solicitações de mudanças.

Como reagir: a) expondo a tática utilizada de maneira sutil. Mostrando o total das concessões que já foram feitas; b) reagindo com a mesma tática, pedindo também pequenas concessões em troca. Estas concessões podem não ser apenas em aumento do preço, como por exemplo: uso de instalações do cliente, disponibilização de recursos, aumento de prazos etc. Utilize a matriz de concessões, vista no capítulo 2, para ajudar nessa resposta!

Tática da Hierarquia

Neste caso, a contraparte precisa da aprovação de um superior para o fechamento do acordo. A falta da última palavra na negociação pode permitir uma nova oportunidade de barganha após o fechamento do acordo.

Como reagir: a melhor forma de reagir é não permitir que a outra parte utilize esta tática. Deve-se perguntar à outra parte, bem no início da negociação, se é ela quem toma a decisão final. Caso não seja, pedir para conhecer a pessoa que dará a última palavra. Cuidado para a contraparte não se sentir desmerecida.

Tática do Limite Orçamentário

A contraparte, após toda negociação acerca do objeto a ser contratado, alega que possui um limite de orçamento disponível para executá-lo.

Como reagir: a) reforçando a qualidade de seu projeto; b) revendo seu planejamento, alterando outros parâmetros como prazos, escopo e qualidade.

Tática da Falsa Retirada

A contraparte não deseja ir ao extremo de finalizar a negociação, mas deseja dar a impressão que está disposta a tal ato.

Como reagir: Sempre focando em seus interesses e escolhendo uma das alternativas a seguir: a) abandonar a negociação; b) tentar dividir a diferença; c) ceder à questão visando algum benefício em troca.

Tática do Peixe Morto

A contraparte coloca na mesa de negociação algo que não espera conseguir e que, de antemão, sabe que será recusada, por tratar-se de algo muito ruim. Mesmo que não se importe muito com o ponto discutido, a contraparte se oferece para desistir do assunto, mas considerando isso como uma grande concessão pela qual deseja algo em troca.

Como reagir: a) dizendo que ultrapassa os limites; b) usando a falsa retirada; c) abandonando a negociação; d) fazendo uma concessão condicionada.

Tática do Cachorrinho

O negociador deixa a sua contraparte manusear o que está sendo negociado, antes da discussão do acordo. O nome deve-se às lojas de animais de estimação, que permitem que se brinque com os animais. Depois de encantado com aquele cachorrinho, uma pessoa pode ficar incapacitada de buscar um melhor acordo.

Como reagir: a tática do cachorrinho é tão poderosa que a única reação eficaz é abandonar a negociação. Se ainda quiser continuar a negociação, uma boa opção pode ser sair da jogada e autorizar que uma terceira parte prossiga com a negociação.

Tática do Blefe

A contraparte fornece informações esperando que não haja possibilidade ou interesse pela sua verificação. Como, por exemplo, a proposta mais atraente de um concorrente, um comentário de uma pessoa da equipe, a opinião de um superior etc.

Como reagir: a) atrasando a resposta, ganhando tempo para verificar ou, pelo menos, demonstrar que poderá verificar; b) expondo fatos e estatísticas; c) abandonando a negociação.

Tática do Bom e do Mau Sujeito

A contraparte age com dois interlocutores: um bom e um mau. Um se passa por amigo, muito interessado no fechamento do acordo. No entanto, a cada evolução, o bom sujeito busca a aprovação final do mau sujeito sobre o acordo. Naturalmente, o mau sujeito exige novas concessões para fechar o acordo.

Como reagir: a) desmascarando a técnica, de maneira sutil, claro! Sem acusar! Apenas trazendo o *mau sujeito* para a mesa de negociação; b) utilizando a mesma técnica, também dependendo da aprovação de um terceiro.

Referências

Baron, R., *Que tipo eu sou?: Descubra quem você é realmente.* São Paulo, Madras, 2001.

Blake, R. e Mouton, J., *O grid gerencial.* São Paulo, Pioneira, 1975.

Carvalhal, E., *Negociação – Fortalecendo o processo.* 4ª ed. Rio de Janeiro, Vision, 2010.

Carvalhal, E., Andrade, G., Araujo, J. e Knust, M., *Negociação e administração de conflitos.* 4ª ed. Rio de Janeiro, Editora FGV, 2014.

Cloke, K. e Goldsmith, J., *Resolving Conflicts at Work: A Complete Guide for Everyone on the Job.* 1ª ed. New York, Jossey-Bass, 2001.

Cohen, H., *Você pode negociar qualquer coisa.* 17ª ed. Rio de Janeiro, Record, 2007.

Ekman, P., *A linguagem das emoções.* 1ª ed. São Paulo, Lua de Papel, 2011.

Fisher, R., Ury, W. e Patton, B., *Como chegar ao sim – Negociação de Acordos Sem Concessões.* 2ª ed. Rio de Janeiro, Imago Ed, 2005.

Goleman, D., *Emotional intelligence: Why it can matter more than IQ.* New York, Bantam Books, 1995.

Goman, C. K., *A vantagem do não verbal.* 1ª ed. Petrópolis, Editora Vozes, 2010.

Hirata, R. H., *Estilos de negociação: Oito competências vencedoras.* São Paulo, Editora Saraiva, 2007.

Kahneman, D., *Rápido e devagar: duas formas de pensar.* Rio de Janeiro, Objetiva, 2012.

Kllett, P. M. e Dalton, D. G., *Managing Conflict in a Negotiated World: A Narrative Approach to Achieving Productive Dialogue and Change.* 1ª ed. SAGE Publications, 2001.

Kübler-Ross, E. e Kessler, D., *On grief and grieving: Finding the Meaning of Grief Through the Five Stages of Loss.* New York, Scribner, 2007.

MOINE, D. J. e HERD, J. H., *Modernas técnicas de persuasão: A vantagem oculta em vendas.* 6ª ed. São Paulo, Summus Editorial, 1988.

O'CONNOR, J., *Manual de programação neurolinguística PNL: Um guia prático para alcançar os resultados que você quer.* 1ª ed. Rio de Janeiro, Qualitymark, 2007

O'CONNOR, J. e SEYMOUR, J., *Introdução à programação neurolinguística: Como entender e influenciar as pessoas.* São Paulo, Summus, 1995.

STARK, P. B., *Aprenda a negociar – O manual de táticas ganha/ganha.* 2ª ed. São Paulo, Litera Mundi, 1999.

THOMAS, K. e KILMAN, R., *Thomas-Kilman conflict mode instrument.* New York, Tuxedo Park, 1974.

WANDERLEY, J. A., *Negociação total: encontrando soluções, vencendo resistências, obtendo resultados.* São Paulo, Ed. Gente, 1998.